小前 亮 著
斎賀時人 絵
応仁の乱
終わらない戦いが始まる
ものがたり日本の乱
1
理論社

ものがたり日本の乱 1

応仁の乱

終わらない戦いが始まる

目次

登場人物

足利義政《あしかがよしまさ》
室町幕府八代将軍

日野富子《ひのとみこ》
義政の正妻

足利義視《あしかがよしみ》
義政の弟

今参局《いままいりのつぼね》
義政の乳母

足利義尚《あしかがよしひさ》
義政と富子の息子

伊勢貞親《いせさだちか》
幕府の財政担当、
義政の側近

細《ほそ》川《かわ》勝《かつ》元《もと》
守護大名、
東軍のリーダー

畠《はたけ》山《やま》義《よし》就《ひろ》
守護大名畠山家の実子、
西軍の中心人物

山《やま》名《な》宗《そう》全《ぜん》
守護大名、
西軍のリーダー

大《おお》内《うち》政《まさ》弘《ひろ》
守護大名、
西軍の主力メンバー

朝《あさ》倉《くら》孝《たか》景《かげ》
西軍の名将

骨《ほね》皮《かわ》道《どう》賢《けん》
東軍、足軽のリーダー

一章

大《たい》乱《らん》前夜

1

庭園のもみじが赤く色づきはじめている。さわやかな風が、木々をさらさらとゆらして吹《ふ》きぬけていく。空はどこまでも青く澄《す》み、白い雲が糸を引くように薄《うす》くのびている。

庭園に面した座敷《ざしき》では、一組の男女が向き合っていた。

義政《よしまさ》は、富子《とみこ》の顔を見て、だらしのない笑《え》みを浮《う》かべた。一瞬《いっしゅん》のことである。しまった、と思ったのか、義政《よしまさ》はすぐにまじめな表情《ひょうじょう》になった。

その笑《え》みを、富子《とみこ》は見逃《みのが》さなかった。将軍《しょうぐん》の心をつかんだと思い、ほっとした。だが、気をゆるめてはならない。富子《とみこ》はほほえみながら、これから戦《いくさ》がはじまるのだ、と自分に言い聞かせた。朝廷《ちょうてい》に将軍家《しょうぐんけ》、守護《しゅご》大名たちに寺社、さまざまな勢力《せいりょく》が入り乱《みだ》れる京の都で、生き残っていくための戦《いくさ》である。

康正元年《こうしょう》（西暦《せいれき》一四五五年）秋、日野富子《ひのとみこ》は、室町幕府《むろまちばくふ》八代将軍《しょうぐん》・足利義政《あしかがよしまさ》の正妻《せいさい》となった。富子《とみこ》は数え年で十六歳《さい》、義政《よしまさ》は二十歳《さい》であった。

富子《とみこ》は丸顔でかわいらしく、くっきりした大きな目が魅力的《みりょくてき》だった。義政《よしまさ》でなくても、ひと目で引きつけられるだろう。一方の義政《よしまさ》は、細面《ほそおもて》で薄《うす》いひげを生やしており、頼《たよ》りない印象《いんしょう》があった。

「私《わたし》がこの人を支《ささ》えなければ」

富子《とみこ》はそう思った。義政《よしまさ》には他人をしたがわせる強さはなかったが、いわば甘《あま》え上手で、他人に何かしてもらうのになれていた。

義政《よしまさ》とともに過《す》ごすようになって、富子《とみこ》はすぐに気づいた。義政《よしまさ》には二人の男女がいつもくっついていて、あれやこれやと世話を焼いている。

「さ、将軍様《しょうぐん》、お着替《きが》えをいたしましょう」

「細川《ほそかわ》家の者どもが会いたがっておりますが、いかがしましょうか。会いたくないなら私《わたし》がことわっておきますが」

「庭園を見ながらお酒が飲みたいのですね。かしこまりました。手配いたします」

女のほうは義政《よしまさ》の乳母《うば》だった女性《じょせい》で、今参局《いままいりのつぼね》と呼《よ》ばれている。義政《よしまさ》を赤ん坊《ぼう》のころから育てており、今も厚《あつ》い信頼《しんらい》をよせられている。義政《よしまさ》が将軍《しょうぐん》となってからは、政治《せいじ》や人事にまで口を出しているといううわさだ。

男のほうは、側近の伊勢貞親《いせさだちか》で、この年、三十九歳《さい》。幕府《ばくふ》の財政《ざいせい》を担当《たんとう》するとともに、義政《よしまさ》と諸大名《しょだいみょう》との間に立って、仲介《ちゅうかい》や交渉《こうしょう》をおこなっている。

今参局《いままいりのつぼね》は、富子《とみこ》をはじめて見たとき、遠慮《えんりょ》のない観察の視線《しせん》を送ってきた。富子《とみこ》があいさつすると、顔をそむけて言う。

「日野家の娘《むすめ》は品がないね」

富子《とみこ》はとっさに反応《はんのう》ができなかった。日野家は公家《くげ》で、将軍《しょうぐん》の妻《つま》を何人も出している名家である。義政《よしまさ》の実母である重子《しげこ》も日野家の出身だ。今参局《いままいりのつぼね》は将軍家《しょうぐんけ》に仕える武家《ぶけ》の出身で、富子《とみこ》のほうが格上《かくうえ》のはずだ。品がない、などと言われる筋合《すじあ》いはない。

しかし、今参局《いままいりのつぼね》は義政《よしまさ》に深く取り入っている。義政《よしまさ》は実母の重子《しげこ》よりも、今《いま》参局《まいりのつぼね》の言うことをよく聞くという。富子《とみこ》が告《つ》げ口しても、義政《よしまさ》は今参局《いままいりのつぼね》に味方するにちがいない。

富子《とみこ》はくやしかったが、さからわずに耐《た》えることにした。いずれ、逆襲《ぎゃくしゅう》の機会が来るはずだと思っていた。

伊勢貞親《いせさだちか》は、富子《とみこ》に対して礼儀《れいぎ》正しかった。季節ごとの贈《おく》り物を欠かさず、富《とみ》子《こ》がしずんでいるときには、なぐさめの言葉をかけてくれた。

「つらいこともおありでしょう。でも、いずれあなた様が力をふるう日が来ます。耐《た》えていれば、きっといいことがありますよ」

やさしい言葉だったが、心がこもっているようには感じられなかった。

将来《しょうらい》、富子《とみこ》が男子を産めば、次の将軍《しょうぐん》の母として、権力《けんりょく》をもつことも考えられる。あるいは、義政《よしまさ》が富子《とみこ》を頼《たよ》りにして、何かと相談するようになるかもしれない。その日にそなえて、富子《とみこ》を味方につけておこうと考えているのだろう。

富子《とみこ》が疑《うたが》いをいだくのは、これまで、将軍家《しょうぐんけ》の日野家に対するあつかいがよくなかったからだ。

義政《よしまさ》の父である六代将軍義教《しょうぐんよしのり》は、「くじ引き将軍《しょうぐん》」と呼《よ》ばれていた。四人の兄弟のうち、だれを将軍《しょうぐん》にするか、有力者の話し合いで決まらなかったので、くじで義教《よしのり》が次の将軍《しょうぐん》とさだめられたのだ。

しかし、神に選ばれたはずの「くじ引き将軍《しょうぐん》」は暴君《ぼうくん》であった。小さな失敗で人を罰《ばっ》したり、対立する者を滅《ほろ》ぼしたりした。将軍《しょうぐん》の前で笑っただけで領地《りょうち》をとりあげられた者もいれば、将軍《しょうぐん》に都合の悪いうわさを流しただけで殺《ころ》された者もいる。

日野家もまた、ひどい目にあっていた。重子《しげこ》が義教《よしのり》の子を産んだとき、日野家にお祝いに訪《おとず》れた者は罰《ばっ》せられた。当主は何者かに殺《ころ》された。義教《よしのり》にうらまれていたからだという。

これらは富子《とみこ》が生まれる前の出来事だが、日野家の者は忘《わす》れていない。将軍家《しょうぐんけ》はおそろしい。富子《とみこ》は決死の覚悟《かくご》で、将軍家《しょうぐんけ》に嫁《とつ》いだのである。

義教《よしのり》の政治《せいじ》は「万人恐怖《ばんにんきょうふ》」と言われた。嘉吉《かきつ》元年（西暦《せいれき》一四四一年）、義教《よしのり》は暗殺《あんさつ》されて、恐怖政治《きょうふせいじ》は終わった。

九歳《さい》の義勝《よしかつ》が後を継《つ》いだが、まもなく亡《な》くなった。その次の将軍《しょうぐん》が義政《よしまさ》である。義教《よしのり》が力をもちすぎたために、多くの人が不幸になった。そこで将軍《しょうぐん》の力を弱めて、有力な守護《しゅご》大名が話し合いで政治《せいじ》を進めるようになった。

これに対し、義政《よしまさ》ははじめ、自分で政治《せいじ》をおこなう、と意気ごんでいた。だが、若《わか》い将軍《しょうぐん》が人を動かすのはむずかしく、うまくいくことばかりではなかった。かといって、地道に努力して、体制《たいせい》を変えていこうという気持ちは、義政《よしまさ》にはない。

「無理をするのはよくない。みなの意見を聞きながら、できることをやっていこう」

そう言って、義政《よしまさ》はその場しのぎの政治《せいじ》をおこなっていた。それで、義政《よしまさ》を支える伊勢貞親《いせさだちか》らの側近が力を増《ま》したのである。

長禄《ちょうろく》三年（西暦《せいれき》一四五九年）一月、富子《とみこ》は二十歳《さい》で、はじめての子を産んだ。しかし、喜《よろこ》ぶまもなく、子どもは亡《な》くなってしまった。

「どうして⁉」

富子《とみこ》はさけんだ。身が切れるほどにつらかった。お産の痛《いた》みもあって、数日間、寝《ね》こんでいた。

目が覚めると、大叔母《おおおば》で義政《よしまさ》の母である重子《しげこ》が言った。

「犯人《はんにん》がわかりました」

「犯人《はんにん》？」

富子《とみこ》が眉《まゆ》をひそめると、重子《しげこ》はささやいた。

「あなたの子を殺《ころ》した犯人《はんにん》です。今参局《いままいりのつぼね》が呪《のろ》いの儀式《ぎしき》をおこなっていたと、ひそかに言ってきた者がいます」

「え⁉」

富子《とみこ》は目を見開いた。はげしい憎《にく》しみがこみあげてきて、心が焼き切れそうだった。

「……許《ゆる》せない」

富子《とみこ》がつぶやくと、重子《しげこ》は深くうなずいた。

「ええ、もうこれ以上、あの女の好きにはさせません」

それからしばらく、京の都は、今参局《いままいりのつぼね》が富子《とみこ》の子を呪《のろ》い殺《ころ》したといううわさで持ちきりとなった。当然、義政《よしまさ》の耳にも入る。

「それはひどいなあ」

義政《よしまさ》はどこか他人事《ひとごと》のように言った。

「あの者を都においておくわけにはいきません。追放してください」

重子《しげこ》が義政《よしまさ》にせまる。富子《とみこ》は何も口には出さず、ただ涙《なみだ》を流していた。

「かわいそうに」

義政《よしまさ》が富子《とみこ》を見てつぶやいた。

今参局《いままいりのつぼね》は敵《てき》が多かった。乳母《うば》のくせに大きな顔をしていると、守護《しゅご》大名からも、義政《よしまさ》の側近からも評判《ひょうばん》が悪い。義政《よしまさ》自身も、口うるさい今参局《いままいりのつぼね》をうっとうしく思いはじめていた。

「今参局《いままいりのつぼね》を流刑《るけい》とする」

処分《しょぶん》は早々に下され、今参局《いままいりのつぼね》は琵琶湖《びわこ》の島に流されることになった。しかし、重子《しげこ》はそれで満足しなかった。

「生かしてはおきませんよ」

刺客《しかく》が放たれ、道中で今参局《いままいりのつぼね》をおそった。今参局《いままいりのつぼね》は逃《に》げられないとさとり、自害して果てた。

その知らせを聞いて、富子《とみこ》は安心した。これで今参局《いままいりのつぼね》の目を気にすることなく生活できる。しかし、同時にこわくなった。次は自分の番かもしれない。重子《しげこ》は味方だが、いつ別の敵《てき》があらわれるかわからないのだ。

「早く男の子が産まれますように」

富子《とみこ》は祈《いの》った。男児を産んだら、次の将軍《しょうぐん》の母として、富子《とみこ》の立場《たちば》は強くなる。

だが、その日はなかなか訪《おとず》れなかった。

2

それから数年は天候が悪く、飢《う》えと病によって、都でも多くの人が死んだ。京の人口は三分の一になったという。道ばたに死体が転がり、片《かた》づける人もなく放っておかれている。つねにひどい悪臭《あくしゅう》がただよい、虫が大量に発生して、とても都とは思えない。

にもかかわらず、義政《よしまさ》は趣味《しゅみ》の建築《けんちく》に夢中《むちゅう》だった。新しい御殿《ごてん》を建て、美しい庭園をつくっていた。

「みなが食べる物がなくて苦しんでいるのに、大金をかけて庭園をつくるのはいかがなものだろうか」

そういう声があがって、当時の天皇《てんのう》までが、遠回しに義政《よしまさ》に意見した。義政《よしまさ》はさすがに建築《けんちく》を中断《ちゅうだん》したが、ほとぼりがさめると、また新たな御殿《ごてん》の建築《けんちく》にとりかかるのだった。

富子《とみこ》は寛正《かんしょう》三年（西暦《せいれき》一四六二年）、四年と、連続して子を産んだ。いずれも娘《むすめ》であった。

「また女の子……」

富子《とみこ》はため息をついた。もちろん子どもに罪《つみ》はないが、ほしいのは後継《あとつ》ぎになる男児なのだ。

次こそは、と思うのだが、義政《よしまさ》は他の妻《つま》に産ませた子も娘《むすめ》である。男の子はのぞめないのかもしれない。

寛正《かんしょう》五年（西暦《せいれき》一四六四年）、義政《よしまさ》は富子《とみこ》に告《つ》げた。

「折り入って相談がある」

「何のことでしょう」

富子《とみこ》は表情《ひょうじょう》こそ変えなかったが、胸《むね》は不安でいっぱいだった。

悪い予想は的中する。義政《よしまさ》の相談は、僧《そう》になっている弟を呼《よ》び戻《もど》して後継者《こうけいしゃ》にしたい、という内容《ないよう》だった。

「まだお若《わか》いのに、もう後継《あとつ》ぎをお決めになるのですか」

富子《とみこ》は義政《よしまさ》の顔色をうかがった。義政《よしまさ》はまだ三十歳《さい》にもなっておらず、重い病気にかかっているわけでもない。早めに後継《あとつ》ぎを決めれば、気持ちは楽になるかもしれないが、将来《しょうらい》、男児が産まれたとき、争いのもとになる。

「うん、まあ、早いほうがいいと思ってな。隠居《いんきょ》したい気持ちもあるし」

「隠居《いんきょ》？」

「ああ、あまり長く将軍《しょうぐん》の位についているのもどうかと思うのだ」

室町幕府《むろまちばくふ》では、三代義満《よしみつ》や四代義持《よしもち》など、将軍《しょうぐん》の位をゆずってからも権力《けんりょく》をもちつづけた例がある。義政《よしまさ》は、参加するべき儀式《ぎしき》など、将軍《しょうぐん》の義務《ぎむ》からはなれて、金銭《きんせん》を得《え》られる権限《けんげん》だけをもっていようとたくらんでいるのだ。

「隠居《いんきょ》を考えるには早すぎないでしょうか」

富子《とみこ》がひかえめに反対すると、義政《よしまさ》は大きく手をふった。

「いや、今すぐのことではないぞ。五年、十年は先の話だ」

「そうですか……」

強く反対するのは得策《とくさく》ではない。富子《とみこ》は考えた。むしろ賛成《さんせい》して、義政《よしまさ》の弟に恩《おん》を売り、味方につけるべきではないか。

「でしたら、弟君の縁談《えんだん》を考えないといけませんね」

「おお、そうだな。心当たりがあるのか？」

義政《よしまさ》はほっとしたようだった。

富子《とみこ》は、自分の妹の良子《よしこ》が後継者《こうけいしゃ》の妻《つま》にふさわしいとすすめた。日野家の娘《むすめ》だから、だれも反対しないだろう。

こうして、義政《よしまさ》は弟の義視《よしみ》を養子にして後継者《こうけいしゃ》とし、日野良子《よしこ》をその妻《つま》にむかえた。

ところが翌年《よくねん》、富子《とみこ》は待望の男児を産んだ。のちの義尚《よしひさ》である。乳母《うば》の手に抱《だ》かれた我《わ》が子を見て、富子《とみこ》は幸せにひたっていた。この子のためなら、何でもしてあげよう、と思った。

周囲《しゅうい》の者たちは心配した。養子をとった後に実子が生まれて、相続争いが起こる例は多い。もし義視《よしみ》と義尚《よしひさ》の間で、将軍位《しょうぐんい》をめぐる争いが起これば、国を二分するような大乱《たいらん》になるのではないか。

富子《とみこ》は後悔《こうかい》していた。やはり、義視《よしみ》を養子にするのは早すぎたのだ。

「でも、乱《らん》を起こしてはいけない。そうなれば、多くの人が犠牲《ぎせい》になるし、私《わたし》もすべてを失うかもしれない」

富子《とみこ》は自分に言い聞かせた。幸い、妹の良子《よしこ》とは仲がよかった。義政《よしまさ》と義視《よしみ》の兄弟仲もよい。義視《よしみ》は義政《よしまさ》に似《に》て優柔不断《ゆうじゅうふだん》なところがあるが、強い野心があるとは思われない。これからも協力していけるのではないか。

義政《よしまさ》には考えがあった。

「義視《よしみ》が次の将軍《しょうぐん》、そしてその次が義尚《よしひさ》。これで丸くおさまるだろう」

そう単純《たんじゅん》な問題ではない。義視《よしみ》に男児が産まれたら、また争いの種となる。だが、富子《とみこ》は同意した。今、後継者《こうけいしゃ》を義尚《よしひさ》に変えて混乱《こんらん》を引き起こすよりははるかにましである。

もっとも、将軍《しょうぐん》の後継者《こうけいしゃ》は義政《よしまさ》と富子《とみこ》だけでは決められない。

このとき、幕府《ばくふ》には将軍《しょうぐん》以外に三人の有力な人物がいた。

一人は細川勝元《ほそかわかつもと》、もっとも有力な守護《しゅご》大名だ。この年まだ三十六歳《さい》だが、管領《かんれい》をつとめた経験《けいけん》が長く、政治力《せいじりょく》が高い。管領《かんれい》というのは、将軍《しょうぐん》を助けて政治《せいじ》をおこなう役職《やくしょく》で、細川《ほそかわ》、畠山《はたけやま》、斯波《しば》という三家の者しかつくことができない。

細川勝元《ほそかわかつもと》は義政《よしまさ》たちと同じく、無用な争いをさけて、事をおさめようとしている。義視《よしみ》、義尚《よしひさ》の順に将軍《しょうぐん》になればいいという考えだ。

もう一人、有力な守護《しゅご》大名に山名宗全《やまなそうぜん》がいた。山名宗全《やまなそうぜん》は細川勝元《ほそかわかつもと》に養女を嫁《とつ》がせており、両者は友好関係をむすんでいた時期もある。しかし、守護《しゅご》大名としての細川《ほそかわ》家と山名《やまな》家は当時の二大巨頭《きょとう》で、自然と対立していった。年齢《ねんれい》は山名宗《やまなそう》全《ぜん》が二十六歳《さい》上で、世代が一つ違《ちが》う。

山名宗全《やまなそうぜん》は、義政《よしまさ》を隠居《いんきょ》させて義視《よしみ》を将軍《しょうぐん》につけ、自分が補佐《ほさ》しようとたくらんでいた。義政《よしまさ》や富子《とみこ》は、政権《せいけん》から追いだそうという考えだ。

三人目は、義政《よしまさ》の側近の伊勢貞親《いせさだちか》である。伊勢貞親《いせさだちか》は義政《よしまさ》が将軍《しょうぐん》をやめれば、自分の地位があやうくなる。義政《よしまさ》が長く将軍《しょうぐん》をつづけ、義尚《よしひさ》に継《つ》がせるのが都合がよい。義視《よしみ》は邪魔者《じゃまもの》であった。

三人のまわりには、それぞれ多くの人が集まって、三つの集団《しゅうだん》がつくられていた。義政《よしまさ》はむずかしいかじとりをしなければならなかった。

だれが後を継《つ》ぐか、という問題は将軍家《しょうぐんけ》だけではない。このころ、いくつもの大名家が、同じ問題をかかえていた。

なかでも、管領《かんれい》を出せる三つの有力守護《しゅご》大名のひとつ、畠山《はたけやま》家の後継《あとつ》ぎをめぐる問題は、周囲《しゅうい》をまきこんで大きくなっている。

争っていたのは、先代の実子である畠山義就《はたけやまよしひろ》と、先代の弟で養子の畠山持富《はたけやまもちとみ》である。先に後継《あとつ》ぎに決められた養子と、実子が争ったのである。将軍家《しょうぐんけ》と似《に》ているが、実子の義就《よしひろ》は母親の身分が低かった。

将軍義政《しょうぐんよしまさ》は、畠山義就《はたけやまよしひろ》のほうを正統《せいとう》とみとめた。しかし、家臣たちの多くは養子を支持《しじ》して、争いがくりひろげられた。養子はやがて没《ぼっ》したが、家臣たちはその息子《むすこ》の畠山政長《はたけやままさなが》を立て、細川勝元《ほそかわかつもと》、山名宗全《やまなそうぜん》ら守護《しゅご》大名の支持《しじ》を得《え》て戦った。

「まずい。このままでは大きな乱《らん》になってしまうぞ」

困《こま》った義政《よしまさ》は、側近の伊勢貞親《いせさだちか》に仲介《ちゅうかい》させたが、うまくいかなかった。

畠山義就《はたけやまよしひろ》は大柄《おおがら》で目鼻が大きく、迫力《はくりょく》のある外見をしている。そして見た目のとおり、積極的な性格《せいかく》で、戦《いくさ》も強かった。

「交渉《こうしょう》などいらぬ。おれは勝つまで戦う」

畠山義就《はたけやまよしひろ》は将軍《しょうぐん》の説得《せっとく》に耳を貸《か》さず、勝手に戦いつづけた。義政《よしまさ》は怒《おこ》って、義就《よしひろ》を罰《ばっ》したが、それであきらめる義就《よしひろ》ではなく、家来を集めて復活《ふっかつ》の機会をうかがっていた。

義政《よしまさ》は他にも多くの後継者《こうけいしゃ》争いで片方《かたほう》を支持《しじ》し、あるいは交渉《こうしょう》を仲介《ちゅうかい》しようとしたが、解決《かいけつ》した例は少なかった。義政《よしまさ》の対応《たいおう》が首尾一貫《しゅびいっかん》しておらず、そのときの情勢《じょうせい》や人間関係でころころ変わるせいでもあるが、対立するほうが細川勝元《ほそかわかつもと》や山名宗全《やまなそうぜん》を頼《たよ》って対抗《たいこう》するせいでもある。

義政《よしまさ》はまた、敵《てき》にまわった者も滅《ほろ》ぼしたり殺《ころ》したりはせず、きっかけがあれば許《ゆる》した。畠山義就《はたけやまよしひろ》も、いったん罰《ばっ》せられた後、許《ゆる》された。義政《よしまさ》としては、寛大《かんだい》なところを見せて、味方を増《ふ》やそうというねらいがあるのだが、許《ゆる》された者が感謝《かんしゃ》するとはかぎらない。

富子《とみこ》の不安はつのる一方だった。

「諸大名《しょだいみょう》が兵を集めていると聞きます。京でも戦《いくさ》になるのではありませんか」

富子《とみこ》は義政《よしまさ》にうったえたが、義政《よしまさ》の反応《はんのう》はにぶい。

「戦《いくさ》は困《こま》る。やるなら遠くでやってくれ」

富子《とみこ》の冷たい視線《しせん》に気づいて、義政《よしまさ》ははげしく頭をふった。

「おれだって努力はしているのだ。なのに、言うことを聞かないやつばかり。とにかく、戦《いくさ》はさけねばならん。もう一度、みなに伝えよう」

義政《よしまさ》の言葉はむなしくひびくばかりだった。

3

文正《ぶんしょう》元年（西暦《せいれき》一四六六年）九月、風の冷たい日のことである。

義政《よしまさ》と富子《とみこ》が夕食を終えてくつろいでいると、側近の伊勢貞親《いせさだちか》が血相を変えて駆《か》けこんできた。

「一大事でございます」

「どうした⁉」

義政《よしまさ》が腰《こし》を浮《う》かせた。

伊勢貞親《いせさだちか》は髪《かみ》を乱《みだ》し、息を切らしていて、いかにもあわてた様子である。ただ、富子《とみこ》には、どことなくわざとらしいようにも感じられた。

「義視《よしみ》様が謀反《むほん》の計画を立てております」

「何と⁉」

義政《よしまさ》は立ちあがろうとしてよろめいた。富子《とみこ》があわてて支《ささ》える。

「どういうことですか」

富子《とみこ》がするどい調子でたずねると、伊勢貞親《いせさだちか》は頭を下げてこたえた。

「おそれおおくも、将軍《しょうぐん》様の寝込《ねこ》みをおそい、殺害《さつがい》するつもりだそうです。実行役の家来が、私《わたし》のもとに来て、伝えてくれました」

「にわかには信じられないが……」

義政《よしまさ》は不安そうに辺りを見回した。

「ご安心ください。ここの守りはかためております。問題は義視《よしみ》様の処分《しょぶん》ですが……」

伊勢貞親《いせさだちか》は頭を下げたまま、声を小さくした。義政《よしまさ》はまだ落ちつかない様子で、目を泳がせている。

「とりあえず、捕《と》らえて反省させよ」

「それではすみません。将軍《しょうぐん》様を殺《ころ》そうとしていたのですよ」

「では、どうしろというのだ」

富子《とみこ》は義政《よしまさ》によりそいながら、伊勢貞親《いせさだちか》のまげを見ていた。貞親《さだちか》が顔をあげないのは、表情《ひょうじょう》を見せたくないからではなかろうか。

「謀反人《むほんにん》は殺《ころ》すしかありません」

「いや、しかし……」

義政《よしまさ》はためらった。

「処分《しょぶん》は調べがついてからにするべきでしょう」

富子《とみこ》が言うと、貞親《さだちか》は一瞬《いっしゅん》、動きをとめてから口を開いた。

「かしこまりました。まずは捕《と》らえて、事情《じじょう》を調べます」

伊勢《いせ》貞親《さだちか》は早足で出て行った。

義政《よしまさ》は側近を見送ってすわりなおしたが、まだ不安そうである。

「義視《よしみ》が謀反《むほん》とは……本当だろうか」

「さあ、まだどちらとも言えません」

富子《とみこ》はこたえたが、おそらくでっちあげだろうと考えていた。

伊勢《いせ》貞親《さだちか》がじゃまな義視《よしみ》を殺《ころ》してしまおうと計画したにちがいない。義視《よしみ》も将《しょう》来《らい》に不安をもっているだろうが、謀反《むほん》を起こすほど追いつめられてはいない。そもそも、義視《よしみ》の敵《てき》は義政《よしまさ》ではなく、伊勢《いせ》貞親《さだちか》である。わざわざ義政《よしまさ》をねらう必要はなく、貞親《さだちか》をねらったほうが危険《きけん》は少ない。

義視《よしみ》の妻《つま》の良子《よしこ》に知らせようか、と思ったが、やめておいた。へたにかかわらないほうがいい。

この夜、義視《よしみ》は伊勢貞親《いせさだちか》の家来におそわれたが、すんでのところで逃《に》げ出した。

山名宗全《やまなそうぜん》と細川勝元《ほそかわかつもと》に助けを求める。

翌日《よくじつ》、二人の有力守護《しゅご》大名が、義政《よしまさ》のもとをおとずれた。

「私《わたし》たちが義視《よしみ》様を保護《ほご》しております。義視《よしみ》様は理由もなく謀反《むほん》の疑《うたが》いをかけられ、大変にお困《こま》りのご様子です。義視《よしみ》様に罪《つみ》のないことは、将軍《しょうぐん》様もご存《ぞん》じでしょう？」

細川勝元《ほそかわかつもと》にそう言われて、義政《よしまさ》はうろたえた。

「お、おれは何も知らない。伊勢貞親《いせさだちか》と話してくれ」

「すると、伊勢貞親《いせさだちか》が勝手に仕組んだということでよろしいのですね」

「そうだ。本当にそうなのだ。おれは義視《よしみ》を疑《うたが》ってなどいなかった。義視《よしみ》にそう言っておいてくれ」

細川勝元《ほそかわかつもと》は伊勢貞親《いせさだちか》を捕《と》らえようとしたが、貞親《さだちか》と仲間たちはすでに京から逃《に》げ出していた。伊勢貞親《いせさだちか》の一族には、京から追放の処分《しょぶん》が下された。

山名宗全《やまなそうぜん》は、この事件《じけん》をきっかけに、将軍《しょうぐん》を替《か》えるべきだと主張《しゅちょう》した。

「側近の罪《つみ》は主君の罪《つみ》だ。義政《よしまさ》様には責任《せきにん》をとって隠居《いんきょ》していただき、義視《よしみ》様に将軍《しょうぐん》になっていただこう」

だが、細川勝元《ほそかわかつもと》が反対する。

「悪いのは側近どもだ。将軍《しょうぐん》様ご自身には罪《つみ》はない。側近どもがいなければ、我《われ》らの要求も通りやすくなるだろうから、今のままでよい」

義視《よしみ》が将軍《しょうぐん》になれば、山名宗全《やまなそうぜん》の影響力《えいきょうりょく》が増《ま》す。それはさけなければならない。細川勝元《ほそかわかつもと》は多くの大名に根回しして、義政《よしまさ》が将軍《しょうぐん》をつづけられるよう取りはからった。

義政《よしまさ》は胸《むね》をなでおろした。

「よかった。やはり細川《ほそかわ》は頼《たよ》りになるな」

「さようでございますね」

口では同意しながら、富子《とみこ》の内心は複雑《ふくざつ》である。

まず、義視《よしみ》を殺《ころ》さずにすんでほっとした。義政《よしまさ》が将軍《しょうぐん》でいられるのはもちろんありがたいが、側近たちがいなければ、義政《よしまさ》は単なるお飾《かざ》りになるだろう。ただ、伊勢貞親《いせさだちか》と大名たちの対立で、政治《せいじ》がうまくいかないことも多かった。政治《せいじ》が安定して平和になるなら、義政《よしまさ》がお飾《かざ》りでもかまわない。

安定と平和をこそ、富子《とみこ》は望んでいた。

そうなれば、兄弟姉妹《しまい》で争うこともなく、幕府《ばくふ》のお金のやりくりに悩《なや》むこともない。義政《よしまさ》は好きな建築《けんちく》に打ちこめるだろう。富子《とみこ》も将来《しょうらい》を心配せずに豊《ゆた》かな暮《く》らしができる。

しかし、富子《とみこ》の望みはかなわなかった。

伊勢貞親《いせさだちか》がいなくなったことで、細川勝元《ほそかわかつもと》と山名宗全《やまなそうぜん》の対立が深まり、一触即発《いっしょくそくはつ》の気配となったのである。

二章

燃《も》えあがる都

1

畠山義就《はたけやまよしひろ》は腹《はら》を立てていた。

「おれが畠山《はたけやま》家の後継《あとつ》ぎだ。先代も将軍《しょうぐん》もみとめたではないか。なのになぜ、反対するやつらがいるのだ。目に物見せてやる」

文正《ぶんしょう》元年（西暦《せいれき》一四六六年）十二月下旬《げじゅん》、畠山義就《はたけやまよしひろ》は兵をひきいて京にのぼった。

騎馬武者《きばむしゃ》と歩兵《ほへい》をあわせて、二千をこえる部隊が、京の北にある寺に布陣《ふじん》する。

対立する畠山政長《はたけやままさなが》の屋敷《やしき》に攻《せ》め入るかまえだ。

甲冑《かっちゅう》をきらめかせて進軍する兵たちを見て、京の民《たみ》はおどろきかつおそれた。

「年末年始に何てことだ。これはひどい新年になるぞ」

商人も職人《しょくにん》も僧《そう》たちも、こわごわ情勢《じょうせい》を見守っている。

将軍義政《しょうぐんよしまさ》は怒《いか》りをあらわした。

「けしからん。京に軍勢《ぐんぜい》を進めるとは、将軍《しょうぐん》に弓引くも同然ではないか」

義政《よしまさ》は畠山政長《はたけやままさなが》の側につくつもりであった。一月一日には、畠山政長《はたけやままさなが》から新年のあいさつを受けて、今後も幕府《ばくふ》のために働け、と伝えた。このとき、畠山政長《はたけやままさなが》は畠山《はたけやま》家の当主であり、幕府《ばくふ》の管領《かんれい》の地位についている。

ところが、その日のうちに、義政《よしまさ》の心はゆらいだ。

「義就《よしひろ》には山名《やまな》が味方しているらしい。もし戦《いくさ》になったら、政長《まさなが》の兵力ではひとたまりもない。かといって、細川《ほそかわ》が兵を出せば、大乱《たいらん》になってしまうし……」

酒を飲んで顔を赤くしながら、義政《よしまさ》は悩《なや》んでいる。

「富子《とみこ》はどう考えるか」

意見を求められた富子《とみこ》は、首をかしげた。

「私《わたし》にはどちらとも判断《はんだん》がつきませんが、一度決めたことはつらぬいたほうがよろしいかと思います」

「うん、そうだな。だが、負けるほうに味方するのはまずい」

義政《よしまさ》は翌日《よくじつ》、畠山義就《はたけやまよしひろ》に会って、支持《しじ》を伝えた。

このことが広まると、京の街では義政《よしまさ》の態度《たいど》を非難《ひなん》する声があがった。しかし、義政《よしまさ》も戦《いくさ》をさけようと必死である。

「おれが政長《まさなが》に味方しても、義就《よしひろ》は引かない。きっと戦《いくさ》になる。だが、おれが義《よし》就《ひろ》に味方すれば、劣勢《れっせい》な政長《まさなが》はあきらめるだろう」

そう考えて、畠山政長《はたけやままさなが》の管領職《かんれいしょく》をとりあげ、京を出るよう要求した。

こうなると、政長《まさなが》を支持《しじ》していた細川勝元《ほそかわかつもと》が納得《なっとく》しない。

「将軍様《しょうぐん》は何を考えておいでなのか。よく話し合う必要がある」

細川勝元《ほそかわかつもと》は義政《よしまさ》の住む御所《ごしょ》に向かった。軍勢《ぐんぜい》をひきいて、である。武力《ぶりょく》を背景《はいけい》にすれば、義政《よしまさ》は考えをあらためると思われていた。

しかし、この動きを山名宗全《やまなそうぜん》に伝えた者がいる。細川勝元《ほそかわかつもと》に嫁《とつ》いでいた山名家《やまな》の娘《むすめ》だ。

「よく知らせてくれた。ただちに、御所《ごしょ》の警備《けいび》をかためよ。将軍様《しょうぐん》だけではない。

義視《よしみ》様も守るのだ」

山名宗全《やまなそうぜん》と畠山義就《はたけやまよしひろ》は御所《ごしょ》に兵を送って、細川勝元《ほそかわかつもと》の企《たくら》みを防《ふせ》いだ。

畠山政長《はたけやままさなが》は困《こま》り果てた。家来たちは将軍《しょうぐん》の命令にしたがって、京を出るようすすめる。

「義就《よしひろ》は乱暴者《らんぼうもの》ですから、そのうちまた、問題を起こすでしょう。そうなったら、殿《との》が当主に戻《もど》れます。おとなしくして、復活《ふっかつ》の日を待ちましょう」

しかし、政長《まさなが》は首を横にふった。

「いや、ここは引くべきではない。この屋敷《やしき》を義就《よしひろ》に渡《わた》すのは嫌《いや》だ」

畠山政長《はたけやままさなが》はみずから屋敷《やしき》に火を放ち、御所《ごしょ》の北にある上御霊神社《かみごりょうじんしゃ》に移《うつ》って陣《じん》をしいた。ただ、ひきいる兵の数は五百ほどで、義就《よしひろ》に対抗《たいこう》できるとは思えない。

頼《たの》みは細川勝元《ほそかわかつもと》の援軍《えんぐん》であった。

義政《よしまさ》のいる御所《ごしょ》は山名宗全《やまなそうぜん》と畠山義就《はたけやまよしひろ》の軍に囲《かこ》まれており、その周りで細川勝《ほそかわかつ》元《もと》と畠山政長《はたけやままさなが》の軍が様子をうかがっている。

「大変なことになった」

義政《よしまさ》はうろたえていた。

「このままでは京の街が戦場になってしまう」

それどころか、自分の身も危《あや》ういのではないか。義政《よしまさ》はそう思ったが、さすがに口には出さない。

「ふたりの畠山《はたけやま》はともかく、細川《ほそかわ》と山名《やまな》は交渉《こうしょう》すれば兵を引くかもしれません」

富子《とみこ》が言うと、義政《よしまさ》はうなずいた。

「そうだな。細川《ほそかわ》と山名《やまな》が本気で戦えば、この国を二分する大乱《たいらん》になる。彼《かれ》らはそこまで愚《おろ》かではあるまい」

義政《よしまさ》は細川勝元《ほそかわかつもと》と山名宗全《やまなそうぜん》に使者を送り、戦わないよう命じた。畠山義就《はたけやまよしひろ》と政長《まさなが》が戦うのは仕方ない。勝ったほうを畠山《はたけやま》家の当主とする。そう伝える。

将軍《しょうぐん》の命令を受けて、細川勝元《ほそかわかつもと》は悩《なや》んだ。

「私《わたし》が加勢《かせい》しなければ、畠山政長《はたけやままさなが》は負けるだろう。だが、私《わたし》が加勢《かせい》すれば、山名《やまな》も兵を出すだろう。そうなったら、泥沼《どろぬま》の争いになる」

結局、細川勝元《ほそかわかつもと》は兵を動かさなかった。

ところが、山名宗全《やまなそうぜん》の選択《せんたく》は違《ちが》った。

「将軍《しょうぐん》の命令なんか聞いていられるか。ここで完全な勝利をおさめて、細川《ほそかわ》を蹴《け》落《お》としてやる。おれが天下に号令するのだ」

山名《やまな》軍が動きはじめたとき、畠山義就《はたけやまよしひろ》はすでに政長《まさなが》の陣《じん》に攻撃《こうげき》をかけていた。

西の空が赤く染《そ》まる頃合《ころあ》いである。

「我《われ》こそは畠山《はたけやま》家の当主、義就《よしひろ》なり！」

高らかに名乗りをあげながら、義就《よしひろ》は馬を走らせる。歯をむきだしにし、薙刀《なぎなた》を振《ふ》りまわす姿《すがた》が夕日に照らされると、敵兵《てきへい》の悲鳴があがった。まるで昔話の鬼《おに》のようである。

薙刀《なぎなた》は長い柄《つか》の先に、そりかえった刀身がつけられた武器《ぶき》だ。斬《き》るのはもちろん、突《つ》いたり、叩《たた》いたりといった使い方もできる。

義就《よしひろ》は敵《てき》の騎馬《きば》武者《むしゃ》におそいかかった。薙刀《なぎなた》で脇腹《わきばら》のあたりに斬《き》りつけて落馬させる。騎馬《きば》武者《むしゃ》はぐえっ、とうめいて、動かなくなった。

「首など放っておけ。ついてこい!」

従者《じゅうしゃ》に命じて、さらに敵《てき》の集まるところへ突《つ》っこんでいく。義就《よしひろ》の薙刀《なぎなた》がきらめくたびに、敵《てき》が傷《きず》つき倒《たお》れる。

薙刀《なぎなた》が夕日と同じ色に染《そ》まるまで、時間はかからなかった。

義就《よしひろ》の武勇《ぶゆう》もさることながら、義就《よしひろ》の手勢《てぜい》は数が多い。畠山政長《はたけやままさなが》の軍は最初から圧倒《あっとう》され、猛攻《もうこう》をはねかえせなかった。

「ええい、援軍《えんぐん》はまだか。細川殿《ほそかわどの》は来ぬのか」

畠山政長《はたけやままさなが》は暗くなりつつある街路に目をこらした。しかし、見えるのは敵《てき》の旗だけである。

「もう無理だ。神社に火を放て!」

政長《まさなが》は配下の者に命じると、馬を下りてかぶとを脱《ぬ》いだ。火と煙《けむり》のなかを、兵にまぎれて逃《に》げていく。

遅《おく》れて到着《とうちゃく》した山名《やまな》軍が政長《まさなが》の後を追ったが、見つけることはできなかった。

「まあよい。我《われ》らの勝利だ」

山名宗全《やまなそうぜん》と畠山義就《はたけやまよしひろ》は笑《え》みをかわしあった。兵たちのあげる勝ちどきが、夜の京にひびきわたった。

この戦いを御霊合戦《ごりょうがっせん》という。山名宗全《やまなそうぜん》は将軍《しょうぐん》とその一族を保護《ほご》し、政治《せいじ》の実権《じっけん》をにぎった。軍事力でおどされている状態《じょうたい》で、義政《よしまさ》はしたがうしかない。

細川勝元《ほそかわかつもと》は、この結果を受けて、顔を真っ赤《か》にして怒《おこ》った。

「山名《やまな》め、抜《ぬ》け駆《が》けしおったな」

畠山政長《はたけやままさなが》が負けたことじたいは問題ではない。それは最初から覚悟《かくご》していた。細川勝元《ほそかわかつもと》が政長《まさなが》を見捨《みす》てた、と世間に思われたことが問題であった。細川《ほそかわ》は武士《ぶし》として情《なさ》けない、という声まで聞こえてくるのだ。

「私《わたし》は将軍《しょうぐん》様のご命令にしたがっただけだ。にもかかわらず、ここまで馬鹿《ばか》にされるとは、許《ゆる》せぬ。何としても、この恥《はじ》をすすぐぞ」

細川勝元《ほそかわかつもと》は、全国の細川派《ほそかわは》の大名たちに呼《よ》びかけて、戦《いくさ》の準備《じゅんび》をはじめた。

いよいよ大乱《たいらん》がせまってきたのである。

2

この年の三月、元号が変わった。御霊合戦《ごりょうがっせん》が起こったので、これまでの元号は縁起《えんぎ》が悪いとして、改元されたのである。新しい元号を応仁《おうにん》という。

しかし、細川勝元《ほそかわかつもと》の勢力《せいりょく》は京に兵を集め、また地方でも対立する山名《やまな》方の大名に攻撃《こうげき》をはじめた。対する山名宗全《やまなそうぜん》も、戦《いくさ》に向けて兵力を増《ふ》やしていく。

「やはり戦《いくさ》になるのであろうか」

義政《よしまさ》は連日、ため息をついていた。

将軍《しょうぐん》として存在感《そんざいかん》をしめしたいところだが、山名《やまな》も細川《ほそかわ》ももはや義政《よしまさ》の命令は聞かないだろう。

一方で、どちらかが自制《じせい》してくれるかもしれない、という淡《あわ》い期待もある。ふたりとも京の街を戦場にしたくないはずだ。とくに細川《ほそかわ》方は兵力で劣《おと》るから、無理な戦いはさけて、地方で争うつもりかもしれない。

義政《よしまさ》の勝手な期待をよそに、両勢力《りょうせいりょく》の軍が次々と京にやってくる。

ふたつの勢力《せいりょく》が京においた陣《じん》の位置から、細川勝元《ほそかわかつもと》の勢力《せいりょく》を東軍、山名宗全《やまなそうぜん》の勢力《せいりょく》を西軍と呼《よ》ぶ。

東軍は細川《ほそかわ》家を中心に、赤松《あかまつ》家、京極《きょうごく》家、北畠《きたばたけ》家など、西軍は山名《やまな》家をはじめ、一色《いっしき》家、大内《おおうち》家、六角《ろっかく》家などで構成《こうせい》されている。畠山《はたけやま》家、斯波《しば》家など、後継者《こうけいしゃ》争いから両軍に分かれている大名家もあった。

五月二十六日早朝、東軍が一色《いっしき》家の屋敷《やしき》を奇襲《きしゅう》して、戦《いくさ》がはじまった。

富子《とみこ》はときの声を聞いて、あわてて御所《ごしょ》の廊下《ろうか》に出た。兵たちの叫《さけ》び声や、刀がぶつかる音が耳を打つ。一色《いっしき》家の屋敷《やしき》は、御所《ごしょ》のすぐ近くなのだ。

煙《けむり》がたちのぼり、火の手があがった。

「どちらが勝っているの？」

富子《とみこ》は侍女《じじょ》たちにたずねたが、だれも答えられなかった。

御所《ごしょ》は将軍《しょうぐん》に仕える武士《ぶし》たちによって守られている。すべての門が閉《と》じられており、出入りは許《ゆる》されていない。

時間が経《た》つとともにさわぎは大きくなり、煙《けむり》も増《ふ》えていく。

火の粉《こ》が御所《ごしょ》の庭にまで飛んできた。こげくさいにおいが鼻を刺激《しげき》する。ときの声がうるさくて、近くの者と話すのにも、大声を出さなければならなかった。

義政《よしまさ》が廊下《ろうか》を歩きまわっている。

「ついにはじまってしまった。このままでは、京が焼け野原になってしまう。ああ、どうすれば彼《かれ》らを止められるのだろうか」

勝敗が決まれば戦《いくさ》は終わるが、双方《そうほう》ともに大軍なので、簡単《かんたん》に勝負がつきそうにはない。きっかけを見つけて、細川勝元《ほそかわかつもと》と山名宗全《やまなそうぜん》に兵を引かせる必要がある。

だが、義政《よしまさ》にはそれだけの力も知恵《ちえ》もなかった。

富子《とみこ》は奥《おく》の部屋に逃《のが》れて、ふすまを閉《し》めきり、外の世界とのかかわりを断《た》ちたかった。しかし、自分がそうしてはならない気がして、ずっと外をながめていた。

翌日《よくじつ》も戦《いくさ》はつづき、義政《よしまさ》も富子《とみこ》も眠《ねむ》れぬ夜を過《す》ごした。

義政《よしまさ》は細川勝元《ほそかわかつもと》、山名宗全《やまなそうぜん》、畠山義就《はたけやまよしひろ》といった戦乱《せんらん》の中心人物に使者を送り、戦《いくさ》をやめるよう説得《せっとく》した。その効果《こうか》か、二十八日になって、戦闘《せんとう》は中断《ちゅうだん》する。両軍ともに、戦《いくさ》の状況《じょうきょう》を確認《かくにん》して、態勢《たいせい》をととのえたかったためでもある。みなが疲《つか》れていたし、負傷者《ふしょうしゃ》も多かった。犠牲者《ぎせいしゃ》も少なくなく、街路には死体が散らばっている。

戦《いくさ》の中断《ちゅうだん》を受けて、両軍は政治《せいじ》工作にはげんだ。

細川勝元《ほそかわかつもと》は、西軍を幕府《ばくふ》の敵《てき》とみなし、足利義視《あしかがよしみ》を西軍討伐《とうばつ》の総大将《そうだいしょう》に任命《にんめい》しようともくろんだ。義視《よしみ》は以前、山名宗全《やまなそうぜん》を後ろ盾《だて》にしていたのだが、このときは細川勝元《ほそかわかつもと》にとりこまれていた。義視《よしみ》もはっきりとした考えはないので、状況《じょうきょう》しだいでどちらの側にも味方する。

対する山名宗全《やまなそうぜん》は、富子《とみこ》を味方につけようとする。

「もし義視《よしみ》様が総大将《そうだいしょう》になって手柄《てがら》を立てれば、義尚《よしひさ》様が将軍《しょうぐん》になる未来はなくなりますぞ」

その心配はたしかにあった。義視《よしみ》は中継《なかつ》ぎの将軍《しょうぐん》で、次の次は義尚《よしひさ》のはずだが、義視《よしみ》の力が強くなれば、義視《よしみ》の子が次の次の将軍《しょうぐん》になるかもしれない。義尚《よしひさ》が将《しょう》軍《ぐん》になれなくなってしまう。

富子《とみこ》は義政《よしまさ》に言った。

「これは細川《ほそかわ》と山名《やまな》の戦いです。どちらにも肩入《かたい》れしないほうがよろしいのではありませんか」

義政《よしまさ》がうなずく。

「うむ、そのとおりだ。ふたりとも将軍《しょうぐん》に刃向《はむ》かったわけではないからな」

義政《よしまさ》はいったん納得《なっとく》したが、義視《よしみ》が兄に意見した。

「もとはと言えば、山名《やまな》が将軍《しょうぐん》様の命令に反して、畠山《はたけやま》の争いに加勢《かせい》したのが悪いのです。山名《やまな》を討伐《とうばつ》すべきでしょう」

「うむ、それももっともだ」

義政《よしまさ》は悩《なや》んだ。

御所《ごしょ》は東軍の陣《じん》に近く、周囲《しゅうい》は東軍の兵でかためられている。細川勝元《ほそかわかつもと》は毎日のように、東軍を支持《しじ》せよ、と言ってくる。情勢《じょうせい》をさぐらせると、京にいる軍勢《ぐんぜい》は東軍のほうが多く、畠山義就《はたけやまよしひろ》の奮闘《ふんとう》にもかかわらず、東軍が有利なようだ。

「仕方あるまい」

六月一日、義政《よしまさ》は将軍《しょうぐん》の旗を東軍に与《あた》えた。これによって、山名宗全《やまなそうぜん》の西軍は、幕府《ばくふ》に敵対《てきたい》する反乱軍《はんらんぐん》となった。

「反乱軍《はんらんぐん》を滅《ほろ》ぼしてみせます」

総大将《そうだいしょう》となった義視《よしみ》ははりきっていた。ここで手柄《てがら》を立てたら、次の将軍《しょうぐん》となるだけでなく、自分が中心となって政治《せいじ》を動かす日が来る。そう考えると、眠《ねむ》っていた野心がにわかに首をもたげてきたのだ。

義視《よしみ》ひきいる東軍は、西軍に対する総攻撃《そうこうげき》を計画した。

「西軍にいっせいにおそいかかる、だと？」

義政《よしまさ》は青くなった。今、京には東軍約三万、西軍約二万と、あわせて五万近い兵がいる。それがいっせいに戦ったら、どれだけの被害《ひがい》が出るだろうか。

義政《よしまさ》は西軍の大名たちに降伏《こうふく》をすすめる手紙を送った。これに応《おう》じた者がいたため、東軍に攻撃《こうげき》の中止を求める。

「もう準備《じゅんび》は進められています。今さら中止など……」

義視《よしみ》は嫌《いや》がったが、細川勝元《ほそかわかつもと》は応《おう》じた。

「わかりました。しばらく延期《えんき》しましょう」

不満をためた義視《よしみ》は、将軍《しょうぐん》の周りにいる山名派《やまなは》の人物を追い出しにかかった。富子《とみこ》も山名派《やまなは》とみなされて責《せ》められた。

「西軍は幕府《ばくふ》の敵《てき》です。たとえ御台様《みだいさま》であっても、山名《やまな》と通じることは許《ゆる》されません」

御台《みだい》というのは、将軍《しょうぐん》の正妻《せいさい》、つまり富子《とみこ》のことである。

「山名《やまな》と通じてなどいません。どちらの味方もするべきでない、というのが私《わたし》の考えです。そうでないと、中立の立場《たちば》で和平をまとめることができないでしょう。一方に味方して一方を滅《ほろ》ぼすより、争いをやめさせるほうが、みなの利益《りえき》になります」

富子《とみこ》が反論《はんろん》すると、義視《よしみ》は言葉をうしなって目をそらした。

しばらくしてから、視線《しせん》をあわさぬまま言う。

「将軍《しょうぐん》様に逆《さか》らうのだな」

義視《よしみ》の口調には力がない。義政《よしまさ》が自分を支持《しじ》してくれるという、はっきりした自信がないのだ。

富子《とみこ》は堂々《どうどう》と告《つ》げた。

「将軍様《しょうぐん》はわかっておいでです」

「ふん」

義視《よしみ》は背中《せなか》を丸めて去って行った。

このとき、義政《よしまさ》は富子《とみこ》に味方して、義視《よしみ》に注意した。

「あまり波風を立てないでくれ。ただでさえ、心労が多いのだから、せめて御所《ごしょ》ではのんびりしたい」

「……申し訳《わけ》ございません」

義視《よしみ》は兄のいる御所《ごしょ》にいづらくなった。もともと住んでいた屋敷《やしき》に戻《もど》って、兄と距離《きょり》をとることにした。

3

屋敷《やしき》の塀《へい》を境《さかい》にして、両軍の矢が飛びかっている。まるで無数の鳥がはばたいているような音が鳴りひびき、ときおり「ぎゃっ」という悲鳴がまじる。矢の数は、空中でぶつかるほどに多い。

攻《せ》めているのが東軍、守っているのが西軍だ。

屋敷《やしき》の主は、斯波義廉《しばよしかど》という。斯波《しば》家の当主で管領《かんれい》をつとめていたが、先代の養子であったため、地位が安定せず、実子と争っていた。斯波義廉《しばよしかど》は西軍の中心人物のひとりで、実子のほうは東軍に所属《しょぞく》している。

火矢が飛びこんできて、屋敷《やしき》の壁《かべ》から煙《けむり》があがった。

「水はたっぷりある。落ちついて消せ」

よく通る声で命じているのは、防衛《ぼうえい》の指揮《しき》をとっている朝倉孝景《あさくらたかかげ》である。この年、四十歳《さい》で、経験《けいけん》と実績《じっせき》のある武将《ぶしょう》だ。上背《うわぜい》はそれほどないが、均整《きんせい》のとれた体格《たいかく》をしていて、眼光《がんこう》がするどい。

朝倉孝景《あさくらたかかげ》は庭につくった矢倉にのぼって、配下の兵に指示《しじ》を出していた。敵兵《てきへい》が攻《せ》めよせてくる門に矢や投石を集中させ、撃退《げきたい》する。負傷者《ふしょうしゃ》が出れば、すばやく奥《おく》へ運ぶよう命じる。

みずからも黒塗《くろぬ》りの弓をとって、矢を放つ。ぎりりと引きしぼった弓から放たれた矢は、銀色の光となって飛び、敵兵《てきへい》の鼻の下に突《つ》き立った。信じられない、といった表情《ひょうじょう》を浮《う》かべて、敵兵《てきへい》が倒《たお》れふす。

「孝景《たかかげ》はよくやってくれる」

斯波義廉《しばよしかど》は甲冑《かっちゅう》をまとって、廊下《ろうか》にすわっていた。実は義廉《よしかど》は東軍に降伏《こうふく》しようとしていた。将軍《しょうぐん》が東軍に旗を与《あた》えた、と聞いて、怖《こわ》くなったのである。

しかし、東軍は降伏《こうふく》の条件《じょうけん》として、一番の重臣である朝倉孝景《あさくらたかかげ》の首を要求してきた。さすがに、この条件《じょうけん》はのめない。山名宗全《やまなそうぜん》の首を持ってこい、と言われたほうがはるかにましである。

細川勝元《ほそかわかつもと》は、斯波義廉《しばよしかど》を滅《ほろ》ぼすつもりなのだ。降伏《こうふく》の交渉《こうしょう》がうまくいかなくても、義廉《よしかど》のほうは手を出さなかったのに、東軍は斯波《しば》家の屋敷《やしき》を攻撃《こうげき》した。強引《ごういん》に落とそうと、朝から晩《ばん》まで攻《せ》めたてている。守っているのが朝倉孝景《あさくらたかかげ》でなければば、門は早々に破《やぶ》られていただろう。

あせっているかに見える東軍の動きには、理由があった。

西軍の有力大名で、中国地方と九州に広大な領国《りょうごく》を持つ大内政弘《おおうちまさひろ》が、一万を超《こ》える兵をひきいて京をめざしているのだ。

大内政弘《おおうちまさひろ》は、乱《らん》がはじまる前、五月十日に本拠《ほんきょ》の山口を出発していた。情報《じょうほう》を集めつつ、ゆっくりと進軍している。

「急ぐ必要はない。乱《らん》が終わっていれば、それはそれでかまわぬ」

大内政弘《おおうちまさひろ》は周囲《しゅうい》に余裕《よゆう》を見せていた。きらびやかな甲冑《かっちゅう》を身につけており、落ちつきがあって、三十二歳《さい》の年齢《ねんれい》の割《わり》には風格《ふうかく》がある。

大内《おおうち》家は四ヵ国の守護《しゅご》をつとめるとともに、中国の明朝《みんちょう》との貿易《ぼうえき》をおこなって、富をたくわえていた。当主の政弘《まさひろ》は和歌をはじめとする文化を愛しており、山口を文化のさかんな町にしようとつとめていた。細川《ほそかわ》家とは日明貿易《にちみんぼうえき》の権利《けんり》をめぐって長く対立しており、西軍に参加するのは当然と見られている。

東軍は兵を送って大内隊《おおうちたい》を妨害《ぼうがい》したが、大内隊《おおうちたい》は数に物を言わせて押《お》し切った。八月下旬《げじゅん》に京に入って、陣《じん》を張《は》る。

「やっと来てくれたか」

斯波義廉《しばよしかど》は大きなため息をついた。何とか屋敷《やしき》を守りきったのである。

大内隊《おおうちたい》の他にも、多くの兵が到着《とうちゃく》したため、京における兵力は、西軍が東軍を逆転《ぎゃくてん》した。これを見て、西軍に寝返《ねがえ》る者も出てくる。

大内隊《おおうちたい》が京に入った日の夜、ひそかに京を脱出《だっしゅつ》した者がいた。西軍討伐《とうばつ》の総大《そうだい》将《しょう》、足利義視《あしかがよしみ》であった。

「何と臆病《おくびょう》で、責任感《せきにんかん》のないお人であろうか」

京の人々はあきれた。

義政《よしまさ》と富子《とみこ》も、知らせを聞いて顔を見あわせた。義政《よしまさ》がため息をつく。

「威勢《いせい》のいいことを言っていたのにな」

「ご自分が有利なときだけでしたね」

義視《よしみ》は伊勢国《いせ》（今の和歌山県）に避難《ひなん》したのだが、完全に政治《せいじ》生命が絶《た》たれたわけではない。今後の展開《てんかい》によっては、乱《らん》の勝者にかつぎだされる未来もありえる。したがって、評価《ひょうか》が下がるのもかまわず、とりあえず生きのびるという選択《せんたく》にも意味はあった。

「とにかく、これで東軍が不利になった。和平の道はないものだろうか」

義政《よしまさ》は山名宗全《やまなそうぜん》や畠山義就《はたけやまよしひろ》に交渉《こうしょう》をもとめたが、有利になった彼《かれ》らが受け入れるはずもない。

「ここで一気に勝負をつけてやる」

畠山義就《はたけやまよしひろ》は息まいた。西軍は反撃《はんげき》に出て、東軍をはげしく攻《せ》めたてる。東軍は御所《ごしょ》の周辺に追いつめられていった。

十月三日、畠山義就《はたけやまよしひろ》、大内政弘《おおうちまさひろ》、朝倉孝景《あさくらたかかげ》らがひきいる西軍は、相国寺《しょうこくじ》に布陣《ふじん》する細川《ほそかわ》家の軍に攻撃《こうげき》をしかけた。相国寺《しょうこくじ》は御所《ごしょ》の東隣《ひがしどなり》にある。相国寺《しょうこくじ》と御所《ごしょ》が落ちれば、乱《らん》は西軍の勝利に終わるだろう。

兵たちのときの声を聞いて、義政《よしまさ》は青ざめた。

「はじまってしまったか」

「危《あぶ》なくなったら、お逃《に》げになりますか」

富子《とみこ》がたずねると、義政《よしまさ》は首を横にふった。

「山名《やまな》も御所《ごしょ》には手を出さないだろう。西軍が勝って、戦《いくさ》が終わるなら、それはそれでよい」

富子《とみこ》はうなずいた。西軍が勝利したら、人脈《じんみゃく》をすべて使って、自分と義政《よしまさ》が生き残れるよう、交渉《こうしょう》するつもりだ。

御所《ごしょ》の外では、はげしい戦《いくさ》がくりひろげられている。最初は互《たが》いに矢を射《い》るだけだったのが、昼が近くなると、騎馬武者《きばむしゃ》と徒歩の兵が入り乱《みだ》れ、刀や薙刀《なぎなた》をふるって戦いはじめた。かぶとが飛び、よろいが壊《こわ》れ、血の花が咲《さ》く。断末魔《だんまつま》の悲鳴が長く尾《お》を引いて、聞く者をぞっとさせた。のどをつらぬかれて、声すらあげられずに倒《たお》れる兵もいる。

「押《お》しまくれ！　軟弱《なんじゃく》な東軍の兵など、ぶっとばしてやれ！」

野太い声で味方をはげましながら、畠山義就《はたけやまよしひろ》が駆《か》ける。またがるのは、目を血走らせた黒馬である。義就《よしひろ》は薙刀《なぎなた》を振《ふ》りまわし、土煙《つちけむり》をあげて突《つ》き進む。通ったあとは、赤く染《そ》められた道ができていた。すさまじい武勇《ぶゆう》である。

朝倉孝景《あさくらたかかげ》は後方で指揮《しき》をとっている。

「おまえたちは本堂《ほんどう》の東にまわれ」

「左側の兵が前進してくるぞ。弓で迎《むか》え撃《う》て」

次々と指示《しじ》を出して、敵《てき》のねらいを防《ふせ》ぎ、足りないところに兵を送る。

しかし、東軍も負けてはいない。包囲《ほうい》されながらも、それぞれの兵が懸命《けんめい》に戦って、陣《じん》を守っている。

両軍ともに、多くの死傷者《ししょうしゃ》が出ていた。倒《たお》れてうめいていた兵が、やがて声を発しなくなる。三つの首を腰《こし》にさげていた兵が、敵《てき》の薙刀《なぎなた》につらぬかれて、ひざをつく。激戦《げきせん》は無数の命を奪《うば》って、なおもつづく。

やがて、火の手があがった。死体の山と血のにおいが、煙《けむり》でおおいかくされていく。火の回りは早く、建物《たてもの》があっというまに焼け落ちた。東軍は退却《たいきゃく》し、相国寺《じ》の陣《じん》は西軍が占領《せんりょう》した。

そのころ、義政《よしまさ》は御所《ごしょ》で酒を飲んでいた。ふすまを閉《し》めきっていても、ときの声や悲鳴が聞こえてくるが、もはや慣《な》れてしまって気にならなくなっている。

「相国寺《しょうこくじ》が落ちたようです」

富子《とみこ》が報告《ほうこく》しても、義政《よしまさ》は反応《はんのう》しない。さかずきを見つめ、やおら飲み干《ほ》して、深々《ふかぶか》と息をつく。酒くさい息だ。

急に廊下《ろうか》がさわがしくなった。

「大変です！　御所《ごしょ》に火矢が射《い》こまれました」

「西軍のやつら、こっちにも攻《せ》めこんできました」

「何だと!?」

義政《よしまさ》はさかずきを取り落とした。

「奥《おく》へ避難《ひなん》しましょう」

富子《とみこ》は義政《よしまさ》の手をとって、西側の建物《たてもの》へと移動《いどう》した。

「御所《ごしょ》にまで火をつけるとは、どういうつもりだ」

義政《よしまさ》の顔は赤い。酒と怒《いか》り、両方のせいだろう。

このとき、天皇《てんのう》や法皇《ほうおう》も御所《ごしょ》に避難《ひなん》していた。西軍は天皇《てんのう》と将軍《しょうぐん》がいる場所に攻《せ》めかかったのである。幕府《ばくふ》と朝廷《ちょうてい》が、力を失っている証拠《しょうこ》でもあった。

4

戦闘《せんとう》は翌日《よくじつ》もつづいた。

半分焼け落ちた御所《ごしょ》で、両軍は徒歩で戦い、火花を散らして刀を打ち合わせている。

義政《よしまさ》も富子《とみこ》も天皇《てんのう》たちも、生きた心地《ここち》がしなかった。これまで、戦《いくさ》はいくら近くても塀《へい》の向こうの出来事だと考えていた。しかし、すぐそこで命のやりとりがおこなわれていると思うと、ふるえが止まらない。

御所《ごしょ》は東軍の兵と、将軍《しょうぐん》に仕える武士《ぶし》たちによって守られていたが、いつその防壁《ぼうへき》がくずれるかわからなかった。義政《よしまさ》は酒を手放さなかったが、それは恐怖《きょうふ》のためだった。

結局、御所《ごしょ》は落ちず、義政《よしまさ》らは無事であった。

「西軍め、許《ゆる》さぬぞ」

義政《よしまさ》の怒《いか》りはつのるばかりである。

相国寺《しょうこくじ》の戦いは、応仁《おうにん》の乱《らん》がはじまって以来、最大の激戦《げきせん》であった。西軍が勝利をおさめたものの、一方的に勝ったわけではなく、多くの犠牲《ぎせい》を出したにもかかわらず、御所《ごしょ》までは奪《うば》えなかった。

両軍の兵の死体は相国寺《しょうこくじ》とともに燃《も》えて、ひどいにおいを放った。将軍《しょうぐん》や天皇《てんのう》が住む都の中心部は、地獄《じごく》のようなありさまとなった。民《たみ》が住む下京《しもぎょう》のほうはまだ被害《ひがい》が少なく、商店も開いているが、そのうちにみな逃《に》げ出してしまうだろう。

「このような戦《いくさ》がつづくと、勝っても得《え》るものがなくなるぞ」

細川勝元《ほそかわかつもと》も山名宗全《やまなそうぜん》も、同じように考えた。

両軍は主力同士《どうし》のぶつかり合いをさけるようになる。そのかわりに、陣《じん》に火をつけたり、兵糧《ひょうろう》を奪《うば》ったりという、後方を乱《みだ》す戦術《せんじゅつ》がとられた。それらは武士《ぶし》の役割《やくわり》ではない。武士《ぶし》は正々堂々《せいせいどうどう》と名乗りをあげて戦うことを理想としている。武《ぶ》士《し》から見れば下等な役目を果たす者が必要であった。

「おれをやとってくれるって?」

骨皮道賢《ほねかわどうけん》と呼《よ》ばれる男は、あぐらをかいてすわった。年のころは四十くらいだろうか、小柄《こがら》でやせてはいるが、弱々しくはなく、動きはすばしっこそうだ。目は細く、つねに辺りの様子をうかがっている。

応対《おうたい》する武士《ぶし》はあからさまに嫌《いや》そうな顔で、骨皮道賢《ほねかわどうけん》を見やった。骨皮《ほねかわ》は派手《はで》な黄色の着物を着ているが、明らかに女物である。どこかから盗《ぬす》んできたか、奪《うば》ってきたのかもしれない。

「ああ、足軽《あしがる》を二、三百人集めて、大将《たいしょう》になってほしい」

「いくら出す？」

武士《ぶし》が報酬《ほうしゅう》の額《がく》を示《しめ》すと、骨皮《ほねかわ》はうなずいた。

「いいだろう。半分はすぐに払《はら》ってくれ。支度《したく》にも金がかかるからな」

武士《ぶし》が銀の入った袋《ふくろ》を投げる。骨皮《ほねかわ》は受けとって中身をたしかめ、にやりと笑った。

「金に見あった働きは約束しよう。期待してくれ」

骨皮道賢《ほねかわどうけん》はもともと盗《ぬす》っ人《と》であったが、捕《と》らえられたのをきっかけに取りしまる側にまわり、京で盗賊《とうぞく》をつかまえる仕事についていた。金目当てであるにしても、なかなか有能《ゆうのう》で、多くの盗賊《とうぞく》を捕《と》らえていたので、細川勝元《ほそかわかつもと》の目にとまり、足軽大将《あしがるたいしょう》として取り立てられたのであった。

足軽《あしがる》というのは、食《く》いつめた農民や町人、落ちぶれた武士《ぶし》など、様々な出身の者からなる歩兵《ほへい》である。かつては戦場で土木作業をしたり、物を運んだりしていたが、放火や略奪《りゃくだつ》に走ることも多かった。各地の一揆《いっき》に参加してあばれまわった例もある。

武家《ぶけ》や公家《くげ》、僧《そう》たちから見れば、汚《よご》れ仕事をやる犯罪者《はんざいしゃ》すれすれの集団《しゅうだん》である。しかし、彼《かれ》らは集団《しゅうだん》での戦いが得意《とくい》で、これからの戦《いくさ》では大きな戦力になると考えられていた。

半月後、骨皮道賢《ほねかわどうけん》は二百人の足軽《あしがる》をつれて、東軍の陣《じん》にやってきた。

「それで、おれたちは何をすればいいんだ？」

足軽《あしがる》たちはよろいやかぶとを身につけておらず、刀を腰《こし》につるしているだけである。ぼろを着ており、顔も汚《よご》れていた。ただ、骨皮《ほねかわ》の指示《しじ》にはよくしたがっており、勝手な行動をとる者はいない。

足軽隊《あしがるたい》にまず命じられたのは、西軍の補給路《ほきゅうろ》や兵糧庫《ひょうろうこ》の襲撃《しゅうげき》であった。

「お安い御用《ごよう》だ」

骨皮《ほねかわ》は鼻歌をうたいながら、任務《にんむ》にかかった。

京の街は多くの人口をかかえているが、周囲《しゅうい》に田畑は少なく、食料の生産量はきわめて低い。したがって、京では食料を手に入れられないので、軍は自分たちで兵糧《ひょうろう》を運んできて、それを保管《ほかん》しておくしかない。兵糧《ひょうろう》がなくなれば、大軍を維持《いじ》することはできなくなってしまう。両軍が相手の兵糧《ひょうろう》をねらうのも当然であった。

深夜、京の民《たみ》が寝静《ねしず》まったころ、骨皮道賢《ほねかわどうけん》ひきいる足軽隊《あしがるたい》は作戦を開始した。闇《やみ》にしずんだ街道《かいどう》を、わずかな星明かりを頼《たよ》りに歩く。

足音を忍《しの》ばせ、顔には布《ぬの》を巻《ま》いて、息する音さえも立てない。腰《こし》にさげた刀は、光らないように、刀身を炭で汚《よご》している。

先頭を行く骨皮《ほねかわ》が足を止めた。

目標とする西軍の陣《じん》にはかがり火がたかれ、数人の見張《みは》りが警戒《けいかい》している。かがり火の近くに陣取《じんど》る二人組《ふたりぐみ》の他に、たいまつを持って歩く者たちがいるようだ。

骨皮《ほねかわ》は部下に手ぶりで指示《しじ》した。十人ほどが列を離《はな》れ、遠ざかっていく。

しばらくすると、街道《かいどう》に明かりが見え、集団《しゅうだん》が道を歩く足音が聞こえてきた。陽動作戦がはじまったのだ。

西軍の見張《みは》りが気づいて、さわぎはじめた。二人組《ふたりぐみ》が明かりのほうへ近づいていく。それ以外の見張《みは》りも、そちらに注意を向けている。

骨皮《ほねかわ》ひきいる足軽隊《あしがるたい》が、姿勢《しせい》を低くして、敵陣《てきじん》にせまる。

「よし」

骨皮《ほねかわ》は口のなかでつぶやくと、土を蹴《け》った。黒い刀が闇夜《やみよ》を切り裂《さ》き、見張《みは》りののどをぱくりと割《わ》った。見張《みは》りが声にならない叫《さけ》びをあげて倒《たお》れふす。血が流れ、音もなく砂《すな》にしみこんでいく。

四人の見張《みは》りが同時に倒《たお》されていた。

足軽《あしがる》たちはかがり火から薪《まき》を引き抜《ぬ》き、建物《たてもの》に火をつけていく。兵糧《ひょうろう》をおさめた倉には、油をまいて火を投げこんだ。

炎《ほのお》と煙《けむり》が西軍の陣《じん》を走る。生き残っていた見張《みは》りが叫《さけ》んだ。

「火事だ！」

「いや、敵襲《てきしゅう》だ！」

寝《ね》ていた兵士《へいし》たちがめざめて刀をかまえたときには、骨皮《ほねかわ》らはすでに撤退《てったい》していた。とくに目端《めはし》の利《き》く者は、敵《てき》の武具《ぶぐ》や兵糧《ひょうろう》をかすめとってきていた。

その後も、骨皮道賢《ほねかわどうけん》の活躍《かつやく》はつづく。

ある日の朝、雨が降《ふ》りそうで降《ふ》らない日のことだ。

「来たぞ」

やぶの中にひそんでいた骨皮《ほねかわ》がささやいた。部下の足軽《あしがる》たちは顔に泥《どろ》をぬり、枝葉《えだは》をつけたみのを背負《せお》って、草木にまぎれている。

ねらいは西軍の輸送隊《ゆそうたい》だ。

米俵《こめだわら》を積んだ荷車を中心において、騎馬武者《きばむしゃ》や徒歩の兵が守っている。敵兵《てきへい》は百人ほどいるだろうか。

骨皮《ほねかわ》がひきいる足軽隊《あしがるたい》は三十人ほどだったが、骨皮《ほねかわ》はむしろ自信ありげに笑っていた。林にかくれるために選んだ強者《つわもの》たちである。少数であっても、遅《おく》れはとらない。

輸送隊《ゆそうたい》が目の前を通りすぎる。半分がすぎたところで、骨皮《ほねかわ》は立ちあがった。手にしていた石を投げつける。石は騎馬武者《きばむしゃ》のかぶとに当たって、音高くはねかえった。騎馬武者《きばむしゃ》は体勢《たいせい》をくずし、馬から落ちそうになって、かろうじて踏《ふ》みとどまった。

それを合図《あいず》に、足軽隊《あしがるたい》が突入《とつにゅう》する。

「敵《てき》だ！　迎《むか》え撃《う》て！」

叫《さけ》んだ騎馬武者《きばむしゃ》の馬の尻《しり》に、骨皮《ほねかわ》が斬《き》りつけた。馬が怒《おこ》って跳《と》びはね、乗り手を振《ふ》り落とす。起きあがろうともがく騎馬武者《きばむしゃ》の脚《あし》から、赤い血が流れている。いつのまにか、骨皮《ほねかわ》が太ももの裏《うら》を斬《き》っていたのである。騎馬武者《きばむしゃ》は血だまりのなかで動かなくなった。

別の足軽《あしがる》は二人がかりで綱《つな》を張《は》り、馬の脚《あし》をひっかけて倒《たお》している。長い棒《ぼう》でひっかける者もいる。武者《むしゃ》を馬から落としてしまおうという作戦だ。

軽装《けいそう》の足軽《あしがる》はすばやく動きまわりながら戦って、敵《てき》に的をしぼらせない。後ろからも平気で攻撃《こうげき》する。

「堂々《どうどう》と戦え！」

文句《もんく》を言う敵《てき》の武士《ぶし》に砂《すな》を投げつけて目つぶしをする。あわてて目を押《お》さえた武士《ぶし》は、脇《わき》の下を斬《き》られて倒《たお》れた。

足軽《あしがる》たちの変幻自在《へんげんじざい》の戦いぶりに、敵《てき》は混乱《こんらん》するばかりである。

「そろそろ帰るぞ」

骨皮《ほねかわ》の指示《しじ》で、足軽《あしがる》たちは荷車を奪《うば》って撤退《てったい》にかかった。大勢《おおぜい》の兵を失った敵《てき》に、追いかける気力は残っていなかった。

東軍の成功を見て、西軍も足軽《あしがる》たちを多くやといはじめた。両軍の足軽隊《あしがるたい》が陣《じん》に火をつけたり、兵糧《ひょうろう》を奪《うば》ったりして戦う。彼《かれ》らは金のために働き、不利になったらすぐに逃《に》げる。ときには民《たみ》の財産《ざいさん》も奪《うば》った。

足軽《あしがる》は、高位の大名、さらに公家《くげ》や僧《そう》には嫌《きら》われたが、その存在《そんざい》はだんだんと大きくなり、やがて戦《いくさ》のやり方を変えていくのである。

応仁《おうにん》二年（西暦《せいれき》一四六八年）三月二十七日、西軍は稲荷山《いなりやま》の骨皮道賢《ほねかわどうけん》の陣《じん》を囲《かこ》んだ。骨皮《ほねかわ》のひきいる足軽隊《あしがるたい》は約三百人、対する西軍は、山名宗全《やまなそうぜん》、畠山義就《はたけやまよしひろ》、斯波義廉《しばよしかど》、大内政弘《おおうちまさひろ》といった主力の大名たちが軍を出しており、その数は五千を超《こ》える。

骨皮隊《ほねかわたい》は西軍の陣《じん》を焼き打ちにする作戦を命じられて、稲荷山《いなりやま》の神社に集まっていた。その情報《じょうほう》が敵《てき》にもれたらしい。

稲荷山《いなりやま》は京の東に位置する小高い山である。

「大軍ですぜ。どうしますか」

部下に問われた骨皮《ほねかわ》は、つまらなそうに答えた。

「決まってる。逃《に》げるだけだ」

いつも骨皮《ほねかわ》はそうやって生きのびてきた。勝てそうになければ、任務《にんむ》など放り捨《す》てて逃《に》げる。しかし、今回はそれすらきびしい。

部下の声が暗かった。

「そうは言っても、びっしり囲《かこ》まれてますぜ」

骨皮《ほねかわ》は顔をしかめた。

ながめのいい鳥居《とりい》にのぼって、敵陣《てきじん》を見わたす。小高い山のふもとは、敵兵《てきへい》でうめつくされていた。アリのはいでる隙間《すきま》もない。

西軍が本気になって自分たちをつぶしにくるとは、思っていなかった。偉《えら》い大名たちは、足軽隊《あしがるたい》など眼中《がんちゅう》にないと考えていたのだ。派手《はで》にあばれすぎて、目をつけられたのかもしれない。

「援軍《えんぐん》は期待できねえよなあ」

骨皮《ほねかわ》はつぶやいた。

足軽隊《あしがるたい》は使い捨《す》ての駒《こま》である。いくらこれまで、東軍のために手柄《てがら》を立ててきたとはいえ、危険《きけん》をおかして助けてはくれないだろう。

「仕方ねえ」

骨皮《ほねかわ》は配下の足軽《あしがる》たちを集めて告《つ》げた。

「ここで解散《かいさん》だ。金も食《く》い物も全員に分けてやる。あとは戦うなり逃《に》げるなり、好きにしろ」

歓声《かんせい》はあがらなかった。この状態《じょうたい》で生きのびるのがむずかしいことは、だれにでもわかる。

集団《しゅうだん》で戦うことを選ぶ者たちもいた。大勢《おおぜい》で突撃《とつげき》すれば、何人かは突破《とっぱ》できるのではないか、という考えだ。

「ふむ。悪いが、使わせてもらうか」

骨皮《ほねかわ》は四人の仲間と語らって、作戦を立てた。

ちょうど昼ごろ、西軍がいっせいに攻《せ》めかかってきた。これを見て、足軽《あしがる》たちが一番手薄《てうす》なところに突撃《とつげき》する。局所的には、上から突《つ》っこむ足軽隊《あしがるたい》が有利になる。西軍は突撃《とつげき》に対応《たいおう》するため、そこに兵を集めた。同時に、足軽たちが神社においていた本陣《ほんじん》にも、一隊を送る。

骨皮道賢《ほねかわどうけん》は敵軍《てきぐん》の接近《せっきん》を見て、神社に火をつけた。そして、板の上にのせた輿《こし》に入る。その輿《こし》を神社の小間使いに化けた仲間がかついだ。骨皮《ほねかわ》は奪《うば》ってきた女物の着物を着て、顔を白くぬっている。神に仕える女性《じょせい》が逃《に》げ出すように見せかけているのだ。

山を下りるまではうまくいった。しかし、街路に出てほっとしたときである。

「あれは何だ？」

斯波《しば》家の朝倉孝景《あさくらたかかげ》が、部下にたずねた。本陣《ほんじん》から前線へと馬を進めているところだ。

「さあ、女性《じょせい》が避難《ひなん》するのでしょうか」

「輿《こし》の中を調べろ」

命じられた兵士《へいし》が、骨皮《ほねかわ》の乗った輿《こし》を止めた。

「開けさせてもらうぞ」

「し、失礼な」

小間使いに変装《へんそう》した足軽《あしがる》は抵抗《ていこう》しようとする。だが、兵士《へいし》はかまわずに輿《こし》の中をのぞいた。

「女か」

着物を見た兵士《へいし》はそう判断《はんだん》したが、朝倉孝景《あさくらたかかげ》が声をかけた。

「しっかり顔を確認《かくにん》しろ」

その瞬間《しゅんかん》に、骨皮《ほねかわ》は輿《こし》から飛び出した。

抜《ぬ》き身の刀をひらめかせて、目の前の兵士《へいし》を斬《き》って捨《す》てる。仲間たちは四方へ散って逃《に》げ出した。

「追え！」

朝倉孝景《あさくらたかかげ》が指示《しじ》しつつ、骨皮《ほねかわ》の前に馬で立ちふさがる。

骨皮《ほねかわ》は舌打《したう》ちしてきびすを返した。路地に逃《に》げこもうとするが、着物がじゃまで走りにくい。足がもつれてしまった。

体勢《たいせい》を立て直したときには、周囲《しゅうい》を敵兵《てきへい》に囲《かこ》まれていた。相手は六人、他に騎《き》馬武者《ばむしゃ》が三騎《き》いる。

「ここまでか」

骨皮《ほねかわ》はつぶやいたが、あきらめたわけではなかった。着物を大きくひるがえし、敵《てき》がおどろいたすきに、刀をふりまわして突破《とっぱ》しようとする。

だが、抜《ぬ》けたと思ったとき、右腰《みぎこし》のあたりにするどい痛《いた》みが走った。そのままつんのめるようにして倒《たお》れてしまう。つづいて、背中《せなか》を大きく斬《き》られた。立ちあがろうとしたが、もはや力が入らない。

「くそっ……」

口のなかに血があふれた。

骨皮道賢《ほねかわどうけん》は、京の戦場に散った。

三章

勝者なき戦い

1

応仁《おうにん》の乱《らん》がはじまって、一年以上が経《た》った。

東軍も西軍もにらみあうだけで、正面からの戦いはさけているが、兵糧《ひょうろう》や補給《ほきゅう》路《ろ》をめぐる争いはたびたび起こっている。このままずるずると戦乱《せんらん》がつづくのではないか。京の街には、どこかあきらめたような、投げやりな雰囲気《ふんいき》がただよっている。

将軍義政《しょうぐんよしまさ》は、和平を成立させようと、知恵《ちえ》をしぼっていた。

「関係する者を全員集めて、話し合いをしよう。みな大人なのだから、話せばわかってくれるはずだ」

富子《とみこ》は首をかしげた。話して解決《かいけつ》しなかったから、今の状況《じょうきょう》になっているのではないか。

「全員を納得《なっとく》させるような和平の案があるのですか？」

たずねると、義政《よしまさ》は目をそらして言葉をにごした。

「うん、まあ、おれも考えてはいるのだ」

義政《よしまさ》はたしかに考えていた。自分の力ではどうにもならないので、以前に追放した側近の伊勢貞親《いせさだちか》を政治《せいじ》の舞台《ぶたい》に復帰《ふっき》させて、和平の交渉《こうしょう》を任《まか》せようとしていたのだ。

伊勢貞親《いせさだちか》は交渉《こうしょう》が得意《とくい》で、対立する者たちの関係を調整して、話をまとめる能力《のうりょく》がある。伊勢貞親《いせさだちか》が京に残っていたら、細川勝元《ほそかわかつもと》と山名宗全《やまなそうぜん》の対立が深まって乱《らん》に発展《はってん》することはなかったかもしれない。

ただ、伊勢貞親《いせさだちか》が復帰《ふっき》するとなると、反発する者も出てくるだろう。富子《とみこ》はそう思ったが、あえて反対はしなかった。乱《らん》を終わらせるのが最優先《さいゆうせん》である。

応仁《おうにん》二年（西暦《せいれき》一四六八年）八月、義政《よしまさ》は、逃亡《とうぼう》していた弟の義視《よしみ》を京に呼《よ》びよせた。これには、おどろきの声があがった。

「義視《よしみ》様をどうなさるおつもりですか」

富子《とみこ》の問いに、義政《よしまさ》は軽い調子で答えた。

「うむ、みながそろっていたほうが、貞親《さだちか》も交渉《こうしょう》がやりやすいと思ってな」

「しかし、義視《よしみ》様と伊勢殿《いせどの》は……」

富子《とみこ》は眉《まゆ》をひそめた。そもそも伊勢貞親《いせさだちか》が追放されたのは、義視《よしみ》を排除《はいじょ》しようとしたからである。両者はきわめて仲が悪い。伊勢貞親《いせさだちか》に交渉《こうしょう》させるなら、義視《よしみ》はいないほうがいいのではないか。

「過去《かこ》は水に流し、未来に向かって手をたずさえてほしいのだ」

義政《よしまさ》は能天気《のうてんき》に理想を語った。だが、それで納得《なっとく》する者がいるだろうか。

京に戻《もど》ってきた義視《よしみ》は、さっそく兄にうったえた。

「将軍《しょうぐん》様のまわりには、幕府《ばくふ》を自分のもののように思っている悪者がおります。彼《かれ》らを追い出してください」

「誰《だれ》のことだ」

「まずは日野家の者、それから……」

義視《よしみ》は富子《とみこ》の兄をはじめ、富子《とみこ》の子である義尚《よしひさ》を支《ささ》える家臣たちの名をあげた。義視《よしみ》は将軍《しょうぐん》の位を争う義尚《よしひさ》を強く意識《いしき》している。

義政《よしまさ》はさすがに機嫌《きげん》を悪くした。

「今回、そなたを呼《よ》び戻《もど》したのは、将軍《しょうぐん》の位をゆずるためではない。自分勝手なことを言わないでもらおう」

義視《よしみ》が顔色を変える。

「そんなつもりはありません。私《わたし》はただ、争いの原因《げんいん》をとりのぞきたいだけなのです」

すがりつく義視《よしみ》を、義政《よしまさ》はふりはらった。

「争いの原因《げんいん》をつくっているのはそなたではないか。自分のことばかり考えていないで、少しは周りに気を使え」

義政《よしまさ》は弟に説教するいっぽうで、予定どおり伊勢貞親《いせさだちか》を復帰《ふっき》させた。

伊勢貞親《いせさだちか》は東西両軍の有力者と会って、和平の道をさぐりはじめる。

「これでようやく、戦乱《せんらん》が終わりそうだ」

両軍はそう考えて、しばらくの間、武器《ぶき》をとらなかった。

しかし、十一月の下旬《げじゅん》になって、京の雰囲気《ふんいき》を一変させる事件《じけん》が起こった。義《よし》視《み》が、西軍の陣《じん》に入ったのである。

「私《わたし》が新しく将軍《しょうぐん》の地位につく」

義視《よしみ》はそう宣言《せんげん》し、山名宗全《やまなそうぜん》や大内政弘《おおうちまさひろ》をはじめとする西軍の大名たちは、義《よし》視《み》に忠誠《ちゅうせい》を誓《ちか》った。新しい人事も発表された。

京の街に、もうひとつの「幕府《ばくふ》」が誕生《たんじょう》したのである。

「は……？」

報告《ほうこく》を受けた義政《よしまさ》は言葉をうしなった。

富子《とみこ》もあきれて物が言えない。義視《よしみ》は前年、東軍の総大将《そうだいしょう》として西軍を倒《たお》そうとしていたのである。それが西軍に味方する、さらに勝手に将軍《しょうぐん》を名乗るとは何

事であろうか。自分を立ててくれるなら、どちらの味方でもするのだろうか。

はっきりしたのは、これで当分、和平はなくなったということである。

西軍は独自《どくじ》の将軍《しょうぐん》を立てて、全面対決を選んだ。これは幕府《ばくふ》に対する反乱《はんらん》であり、義政《よしまさ》は彼《かれ》らを許《ゆる》すわけにはいかなくなった。

「西軍は幕府《ばくふ》の敵《てき》、朝廷《ちょうてい》の敵《てき》だ。それでよいな」

義政《よしまさ》は富子《とみこ》に確認《かくにん》した。富子《とみこ》が西軍に心をよせていた時期があったからである。

しかし、西軍と義視《よしみ》は、はっきりと敵《てき》にまわった。彼《かれ》らがそれを選んだ。

「よろしゅうございます」

富子《とみこ》は決意していた。息子《むすこ》の義尚《よしひさ》を次の将軍《しょうぐん》にするために、力を注ごうと。

応仁《おうにん》二年（西暦《せいれき》一四六八年）も、戦火のうちに暮《く》れた。乱《らん》が終結する気配はまったくなかった。

2

京の街は様変わりしていた。

東西両軍は屋敷《やしき》のまわりに堀《ほり》をめぐらし、高い矢倉を建てて、まるで城のように守りをかためている。道は掘《ほ》り返され、あちこちに柵《さく》が立てられ、移動《いどう》すらままならない。

ただ、戦場は京の外に移《うつ》っている。両軍は京の近くの年貢米《ねんぐまい》をめぐって争い、また地方の領土《りょうど》をめぐって争っていた。どちらが有利とは言えず、ただ人を殺《ころ》し、食料を奪《うば》いあうむなしい戦いがつづいている。

「この戦《いくさ》は、永遠《えいえん》に終わらないのかもしれない」

人々はそう思って、絶望《ぜつぼう》していた。

義政《よしまさ》はひたすら神仏《しんぶつ》に祈《いの》っている。

「東軍が勝ちますように」

そして、義視《よしみ》や山名宗全《やまなそうぜん》を呪《のろ》い、ぐちをこぼす。

「どうすれば勝てるのでしょうか」

富子《とみこ》がたずねたのは、祈《いの》っているだけでは勝てないからだ。

義政《よしまさ》は首をひねった。

「それがわかれば苦労はしない。ああ、大内《おおうち》が東軍に寝返《ねがえ》ってくれないものか」

大内政弘《おおうちまさひろ》は西軍で最大の兵力をもち、いくつもの戦いで東軍を破《やぶ》っている。細《ほそ》川《かわ》家の宿敵《しゅくてき》であり、寝返《ねがえ》るはずはない。

「他に寝返《ねがえ》りそうな人はいないのですか。もちろん、戦力になるお人でなければなりません」

有力者を寝返《ねがえ》らせれば、西軍は弱くなり、そのぶん東軍は強化される。

「そうだなあ。西軍に不満を持っていて、なおかつ戦《いくさ》に強い者。そんな都合のいい者がいるだろうか」

義政《よしまさ》ははっとひざをたたいた。

「いる、いるぞ」

義政《よしまさ》は側近の伊勢貞親《いせさだちか》と細川勝元《ほそかわかつもと》を呼《よ》んで相談した。寝返《ねがえ》り工作の標的は朝倉《あさくら》孝景《たかかげ》であった。

朝倉孝景《あさくらたかかげ》は斯波義廉《しばよしかど》に仕える重臣である。兵を指揮《しき》するのが得意《とくい》で、西軍が勝利した戦いで多くの手柄《てがら》を立てていた。また、かざらない性格《せいかく》で、下級の兵にも親しく声をかけるので、人望も厚《あつ》い。一方で、神仏《しんぶつ》をおそれず、寺社の領土《りょうど》でも平気で奪《うば》う。乱世《らんせ》の男らしく、野心も持っていた。

京での戦いが一段落《いちだんらく》したため、朝倉孝景《あさくらたかかげ》は斯波《しば》家の領国《りょうごく》である越前《えちぜん》国（今の福井県）に戻《もど》っていた。斯波《しば》家は後継者《こうけいしゃ》争いで分裂《ぶんれつ》しているのだが、越前《えちぜん》では義廉《よしかど》の側が相手に押《お》されていた。

義政《よしまさ》が人を通じて寝返《ねがえ》りを呼《よ》びかけると、朝倉孝景《あさくらたかかげ》は答えた。

「それがしも将軍《しょうぐん》様にお味方するのが正しい道だと思います。けれど、直接《ちょくせつ》の主君に弓を引くには、それなりの覚悟《かくご》がいりますから、ふさわしい報酬《ほうしゅう》をいただきたく思います」

現実的《げんじつてき》な孝景《たかかげ》らしい反応《はんのう》であった。

義政《よしまさ》は仲介役《ちゅうかいやく》にたずねた。

「それで、彼《かれ》は何をもとめているのだ」

「越前守護《えちぜんしゅご》の地位でございます」

義政《よしまさ》は顔をしかめた。越前守護《えちぜんしゅご》には、東軍にいる斯波《しば》家の当主がついている。とりあげるわけにはいかない。

だが、朝倉孝景《あさくらたかかげ》が寝返《ねがえ》ってくれれば、勝利が見えてくる。多少の犠牲《ぎせい》ははらうべきではなかろうか。

義政《よしまさ》は伊勢貞親《いせさだちか》と話し合い、孝景《たかかげ》に伝えた。

「わかった。越前守護《えちぜんしゅご》の座を約束しよう」

朝倉孝景《あさくらたかかげ》は喜《よろこ》び、東軍に味方すると約束した。文明《ぶんめい》三年（西暦《せいれき》一四七一年）五月のことである。

しかし、東軍の内部での調整がむずかしく、朝倉孝景《あさくらたかかげ》はなかなか守護《しゅご》に任命《にんめい》してもらえなかった。地位がなければ、ついてこない人も多い。越前《えちぜん》での戦いで孝《たか》景《かげ》は苦戦したが、そこはさすがに戦上手《いくさじょうず》である。やがて盛《も》り返して、後に越前《えちぜん》一国をほぼ手に入れた。これが戦国大名朝倉《あさくら》家につながる。

朝倉孝景《あさくらたかかげ》の寝返《ねがえ》りは、義政《よしまさ》たちが見こんだとおりの効果《こうか》をもたらした。越前《えちぜん》を東軍がおさえれば、西軍の補給路《ほきゅうろ》のひとつが断《た》たれる。食料を手に入れるのがむずかしくなり、京の周辺での戦いにも影響《えいきょう》してきた。斯波義廉《しばよしかど》の兵力が当てにならなくなったことも大きい。

東軍が有利な情勢《じょうせい》になって、義視《よしみ》はあわてていた。

「西軍が負けたら、私《わたし》はどうなるのだろうか。先に兄上にあやまっておこうか。兄上なら、きっと許《ゆる》してくれるだろう」

しかし、西軍をひきいる山名宗全《やまなそうぜん》は許《ゆる》さなかった。

「困《こま》ります。これから新しい天皇陛下《てんのうへいか》をおむかえし、さらに体制《たいせい》を強化しようと考えているところなのです」

室町《むろまち》時代のはじめ、北朝と南朝の二つの系統《けいとう》の天皇《てんのう》が立って争っていた。三代将軍足利義満《しょうぐんあしかがよしみつ》が北朝の勝利で対立を終わらせたが、南朝の生き残りは各地にひそんで、細々《ほそぼそ》と抵抗《ていこう》をつづけていた。

その南朝から天皇《てんのう》をむかえようというのである。このとき、義視《よしみ》をはじめとする西軍の中心人物は朝敵《ちょうてき》、つまり天皇《てんのう》や朝廷《ちょうてい》の敵《てき》とされていた。天皇《てんのう》も自分たちで立てれば、朝敵《ちょうてき》と呼《よ》ばれてもかまわなくなる。ただ、和平への道はさらに細くけわしくなるだろう。

義視《よしみ》はこれに反対した。

「やめてくれ。そんなことをしたら、兄上との仲がこじれるばかりだ」

「ここまできて、何をためらうのですか」

山名宗全《やまなそうぜん》は反対を押《お》し切って事を進めた。しかし、この試みは成果をあげなかった。

京の街が疫病《やくびょう》にみまわれてしまったのである。

僧《そう》たちが声をはりあげてお経《きょう》を唱えている。祈《いの》りをささげて病を遠ざけようと、みなが必死に手を合わせる。

富子《とみこ》は涙《なみだ》と汗《あせ》を流していた。低くひびく僧《そう》たちの声を聞いていると、頭が割《わ》れそうに痛《いた》い。腹《はら》も痛《いた》かった。自分も病にかかっているのだが、祈《いの》りをやめるわけにはいかない。息子《むすこ》の義尚《よしひさ》を救《すく》うための祈《いの》りなのだ。

隣《となり》では義政《よしまさ》が手を合わせている。富子《とみこ》は先日、義政《よしまさ》が酒を飲みすぎるのに怒《おこ》って、御所《ごしょ》を飛びだしていたが、義尚《よしひさ》が病にかかったので、あわてて仲直りした。

義尚《よしひさ》の病は天然痘《てんねんとう》である。身体にぶつぶつができて、高熱が出る。命を落とす者が多い、おそろしい病だ。

幸いにして義尚《よしひさ》は回復《かいふく》し、富子《とみこ》の病も重くならずにすんだ。しかし、京では多くの者が亡《な》くなった。富子《とみこ》も甥《おい》を失っている。街路にはたくさんの死体が山となり、片付《かたづ》ける者もいないまま、悪臭《あくしゅう》を放っていた。ますます病が広がる。戦乱《せんらん》のせいで、食料が足りなくなっており、きれいな水もなく、働ける者も少ない。人から人にうつる病は、あっというまに京をおおい、他の地方にも飛び火した。

「あれもこれも戦《いくさ》が悪い。早く終わってくれないものか」

義政《よしまさ》は酒を飲んでなげくばかりで、富子《とみこ》の口調はついきつくなる。

「あなたが終わらせてください。あなたは将軍様《しょうぐん》なのですよ」

「それができるなら、とうにやっておるわ」

この言葉は事実であったのだが、それだけにいっそう情《なさ》けない。二人の言い合いは日ごとにはげしくなっていく。

流行《はや》り病の広がりは、西軍の山名宗全《やまなそうぜん》の気持ちを変えた。戦況《せんきょう》も不利であったため、条件《じょうけん》しだいでは和平を受け入れよう、と思うようになったのだ。東軍の細《ほそ》川勝元《かわかつもと》は、完勝するまで戦《いくさ》をつづけようとは、もともと考えていない。

二人の間で、和平の交渉《こうしょう》がはじまった。

3

文明《ぶんめい》四年（西暦《せいれき》一四七二年）の一月、山名宗全《やまなそうぜん》が死んだといううわさが流れた。これで平和がおとずれるかもしれない。

「ついにこの日が来たか」

義政《よしまさ》は機嫌《きげん》よく庭の雪をながめていたが、すぐに訂正《ていせい》の報《ほう》が入った。山名宗全《やまなそうぜん》は健在《けんざい》である。ただ、体調はよくなく、気力もすぐれないようだ。六十九歳《さい》という年齢《ねんれい》、かんばしくない戦況《せんきょう》からすると、無理もない。

他にも、和平が成立したとか、西軍で内輪もめがあったとか、うそか本当かわからないうわさが流れていた。それだけ、交渉《こうしょう》のゆくえに注目が集まっている。

東軍の細川勝元《ほそかわかつもと》はまだ四十三歳《さい》にもかかわらず、隠居《いんきょ》を宣言《せんげん》した。

「おれはもう疲《つか》れた。息子《むすこ》に当主の地位をゆずって、あとはのんびりと暮《く》らしたい」

これは本心ではない。ただ、後を継《つ》いだ息子《むすこ》の政元《まさもと》は山名宗全《やまなそうぜん》の一族を母にもつ。山名《やまな》との争いを終わりにしたい、という気持ちの表れであった。

しかし、和平に反対する者もいる。西軍では、畠山義就《はたけやまよしひろ》がその筆頭である。

「おれの目の黒いうちは、和平などみとめぬ。最後の一人になっても、おれは戦いつづけるぞ。東軍が降伏《こうふく》するなら別だがな」

西軍不利の状況《じょうきょう》で和平がまとまれば、畠山《はたけやま》家の当主は東軍の畠山政長《はたけやままさなが》になるだろう。義就《よしひろ》の居場所《いばしょ》はなくなってしまう。そもそも畠山《はたけやま》家の後継者《こうけいしゃ》争いは、この大乱《たいらん》の主要な原因《げんいん》であった。義就《よしひろ》は当主の地位をゆずるくらいなら、死ぬまで戦うつもりである。

大内政弘《おおうちまさひろ》もまた、負けをみとめる気にはなれなかった。

「細川《ほそかわ》と対等の立場《たちば》なら、和平もよかろう。だが、あいつらの風下に立つのはごめんだ」

西軍の主力《しゅりょく》二人が反対しているので、山名宗全《やまなそうぜん》も頭が痛《いた》い。

「いっそのこと、あの二人を無視《むし》して、話をまとめるか」

そう考えるのだが、山名《やまな》家の将来《しょうらい》や自分の評判《ひょうばん》を考えると、決断《けつだん》できなかった。

東軍では、赤松《あかまつ》家が和平に反対している。赤松《あかまつ》家は播磨《はりま》国（今の兵庫県南西部）や備前《びぜん》国（今の岡山県南東部）などで山名《やまな》家から多くの領土《りょうど》を奪《うば》っており、和平のためにその一部を返すのが嫌《いや》だった。これらの地域《ちいき》は、もともと赤松《あかまつ》家のもので、取り返しただけなのだ。

和平交渉《こうしょう》の間、京での大きな戦いはなかったが、地方ではまだ戦いがつづいている。幕府《ばくふ》の力は日に日に弱まっていく。

翌文明《よくぶんめい》五年（西暦《せいれき》一四七三年）三月、山名宗全《やまなそうぜん》が七十歳《さい》で世を去った。大乱《たいらん》を起こし、終わらせることなく退場《たいじょう》したのである。

それから二ヵ月とあけずに、細川勝元《ほそかわかつもと》も病死した。こちらはまだ四十四歳《さい》だったが、若《わか》いころから政治《せいじ》の中心にいて、戦乱《せんらん》を終結させることができずに心身をすりへらしていた。力を使い果たしてしまったのだろう。

「二人は気の毒《どく》であったが、これが一つのきっかけになってほしいものだ」

義政《よしまさ》は他人事《ひとごと》のようにつぶやいたあと、眉根《まゆね》をよせて考えた。

「おれも潮時《しおどき》かな」

細川《ほそかわ》家と山名《やまな》家は、名実ともに代替《だいが》わりする。将軍《しょうぐん》の位を義尚《よしひさ》にゆずるのもいいかもしれない。早めに次の将軍《しょうぐん》を立てて、将来《しょうらい》の争いの芽をつむのだ。もちろん、義尚《よしひさ》はまだ子どもだから、実権《じっけん》は義政《よしまさ》がにぎる。今のところ、将軍《しょうぐん》の権力《けんりょく》は小さいが、和平が実現《じつげん》したら、好きな建築《けんちく》に金を使えるようになるだろう。燃《も》やされた将軍《しょうぐん》の御所《ごしょ》や、天皇《てんのう》の御所《ごしょ》を建て直そう。美しい庭園をつくり、連歌《れんが》の会を開こう。

義政《よしまさ》は勝手な未来を思い浮《う》かべて、にんまりとした。

義政《よしまさ》の考えていることは、富子《とみこ》にはお見通しであった。しかし、義尚《よしひさ》が将軍《しょうぐん》になるのはありがたいから、反対はしなかった。

楽しそうな義政《よしまさ》を横目で見ながら、富子《とみこ》は考える。

「この人はどうせ自分のやりたいことしかやらないでしょう。でも、それでいい。あの子の面倒《めんどう》は私《わたし》が見ます。立派《りっぱ》な将軍《しょうぐん》になって幕府《ばくふ》を立て直せるよう、私《わたし》が育てます」

この年の十二月、義政《よしまさ》は隠居《いんきょ》し、義尚《よしひさ》が将軍《しょうぐん》となった。九歳《さい》の将軍《しょうぐん》である。形だけの譲位《じょうい》で、実権《じっけん》は義政《よしまさ》の手にあった。

文明《ぶんめい》六年（西暦《せいれき》一四七四年）四月、細川《ほそかわ》家と山名《やまな》家の間で和平がまとまった。

「これからは手をとりあって、京をもとの美しい街に戻《もど》そうではないか」

山名《やまな》家を継《つ》いだ山名政豊《やまなまさとよ》はそう言った。

細川《ほそかわ》家の当主は九歳《さい》の政元《まさもと》で、一族の者が補佐《ほさ》している。補佐役《ほさやく》がかわりにこたえる前に、政元《まさもと》が口を開いた。

「そうしよう。我《われ》らが先頭に立って、みなをみちびくのだ」

三十一歳《さい》の政豊《まさとよ》は苦笑《くしょう》した。政元《まさもと》は将軍《しょうぐん》の義尚《よしひさ》よりもさらに年少である。だが、その覇気《はき》にあふれた姿《すがた》を見ていると、自然と苦笑《くしょう》は引っこんだ。才能《さいのう》はわからないが、とにかく意思の強そうな少年であった。

山名政豊《やまなまさとよ》は山城国《やましろ》（今の京都府南部）などの守護《しゅご》に任《にん》じられた。山名《やまな》家は将軍《しょうぐん》にさからった罪《つみ》を許《ゆる》された。

この和平で戦乱《せんらん》が終わる、と思った者もいたが、それほど甘《あま》くはなかった。西軍の大内政弘《おおうちまさひろ》、畠山義就《はたけやまよしひろ》らは和平を拒否《きょひ》して戦いつづけることを決め、これに対《たい》抗《こう》して東軍の畠山政長《はたけやままさなが》や赤松《あかまつ》家も軍を解散《かいさん》しなかった。義視《よしみ》は大内政弘《おおうちまさひろ》のもとに身をよせている。

応仁《おうにん》の乱《らん》はまだつづくのであった。

京の街は落ちつきを取り戻《もど》していた。焼けた屋敷《やしき》を建て直すための、木づちやのこぎりの音がひびいている。陣《じん》を囲《かこ》んでいた堀《ほり》には橋がかけられ、歩きやすく

なった。商人たちも戻《もど》ってきている。

義政《よしまさ》は相変わらず酒を飲んでいたが、表情《ひょうじょう》は明るかった。

「そのうち畠山《はたけやま》たちも戦いをやめるだろう。平和になったら、旅をしたいな」

京の北の山々が赤く色づいてきたころ、義政《よしまさ》は紅葉《もみじ》狩《が》りを計画した。周りの者たちが血相を変えてとめる。

「街の外はまだ危険《きけん》です。戦いに巻《ま》きこまれたり、盗賊《とうぞく》におそわれたりするかもしれません。どうかお考え直しください」

「それなら、金閣《きんかく》あたりでがまんするか」

義政《よしまさ》は富子《とみこ》と義尚《よしひさ》を連れて、金閣《きんかく》の紅葉《こうよう》をめでた。鹿苑寺《ろくおんじ》の金閣《きんかく》は、足利義満《あしかがよしみつ》が建てたもので、金箔《きんぱく》がはりめぐらされた豪華《ごうか》な建物《たてもの》だ。北山文化を代表する建《けん》築《ちく》である。

富子《とみこ》はすでに義政《よしまさ》に愛想《あいそ》をつかしていたが、行事にはともに参加して、正妻《せいさい》の義務《ぎむ》を果たしている。息子《むすこ》の義尚《よしひさ》がいっしょであれば、義政《よしまさ》の能天気《のうてんき》な話を聞くことも耐《た》えられた。

和平の交渉《こうしょう》は、富子《とみこ》の兄の日野勝光《ひのかつみつ》が担当《たんとう》していた。義政《よしまさ》の側近であった伊勢《いせ》貞親《さだちか》は、再《ふた》び権力《けんりょく》争いに敗れて地方に逃《のが》れ、すでに世を去っている。

ところが、日野勝光《ひのかつみつ》の評判《ひょうばん》はよくなかった。この時代、有力者に仲介《ちゅうかい》や取次《とりつぎ》をお願いするときには、金を払《はら》うのが一般的《いっぱんてき》である。日野勝光《ひのかつみつ》も金をとっていたが、それが多額《たがく》で、しかもなかなか成果が出なかったので、批判《ひはん》されたのだ。

西軍の事実上の総大将《そうだいしょう》である大内政弘《おおうちまさひろ》は、さすがに戦《いくさ》をやめたくなっていた。

「これ以上、戦いをつづけても意味がなさそうだ。そろそろ山口に戻《もど》って、和歌を楽しみたいな」

その言葉を聞きつけて、義視《よしみ》が悲鳴をあげた。

「わ、私《わたし》はどうなるのだ。おまえたちが頼《たの》むから、将軍《しょうぐん》になってやったのだぞ。最後まで面倒《めんどう》を見る責任《せきにん》があるはずだ」

大内政弘《おおうちまさひろ》は顔をしかめた。

「あなたをむかえたのは、亡《な》き山名宗全殿《やまなそうぜんどの》ですから、私《わたし》には何とも……」

口ではそう言いながらも、大内政弘《おおうちまさひろ》は義視《よしみ》を見捨《みす》てなかった。義政《よしまさ》としては、義視《よしみ》をきびしく罰《ばっ》しないわけにはいかないから、和平の話が進まない。

日野勝光《ひのかつみつ》は課題を達成できないまま、文明《ぶんめい》八年（西暦《せいれき》一四七六年）に亡《な》くなった。

義政《よしまさ》の周りには諸大名《しょだいみょう》と交渉《こうしょう》ができる人材はいない。義政《よしまさ》への取次《とりつぎ》を頼《たの》む者たちは、大金を用意して、富子《とみこ》のもとに集まるようになった。

「義視《よしみ》様を許《ゆる》してくださるよう、義政《よしまさ》様にお伝えください」

「大内《おおうち》は和平を望んでいます」

富子《とみこ》は熱心に話を聞き、戦《いくさ》を終わらせるために動きはじめた。

4

富子《とみこ》の義視《よしみ》に対する怒《いか》りは、時とともにやわらいでいる。

「あの人も周りに流されて、かわいそうなところがありました。そもそも兄たるお人がしっかりしていれば、このような事態《じたい》にはならなかったでしょう」

妹の良子《よしこ》も、夫の義視《よしみ》を助けてくれるよう頼《たの》んできた。夫たちが敵味方《てきみかた》に分かれていても、姉妹《しまい》は憎《にく》しみ合ってはいない。会えなくても、お互《たが》いに大変だと同《どう》情《じょう》していた。

富子《とみこ》は義政《よしまさ》と大内政弘《おおうちまさひろ》の間に立って交渉《こうしょう》し、義視《よしみ》が重い罰《ばつ》を受けないよう取りはからった。

「義視《よしみ》様が西軍に加わったのは、将軍《しょうぐん》の地位が欲《ほ》しかったからでも、義政《よしまさ》様に対《たい》抗《こう》するためでもありません。伊勢貞親《いせさだちか》におそわれて、身を守るために仕方なく逃《に》げたのです。そうだったのでしょう、大内殿《おおうちどの》」

「さようでございます。将軍《しょうぐん》になったのはあくまで成り行きで、義視《よしみ》様の意思ではありません。山名宗全《やまなそうぜん》がいつのまにかそういうふうにととのえていたのです」

死んだ者に責任《せきにん》を押《お》しつけて、生きている者を助ける。富子《とみこ》はそういう作戦をとった。

しかし、義政《よしまさ》は簡単《かんたん》には同意しなかった。

「まったく信じられぬ。都合がよすぎる話ではないか。いくら乱《らん》を終わらせるためでも、無理があるだろう」

「京だけでなく、全国の人々のためでございます。納得《なっとく》いただけませんか」

「そうだなあ。みなが言うなら、前向きに考えるとするか」

義政《よしまさ》がもったいぶりながら受け入れたので、和平の交渉《こうしょう》は前進した。

大内政弘《おおうちまさひろ》は、畠山義就《はたけやまよしひろ》にも、交渉《こうしょう》に参加するようすすめた。しかし、畠山義就《はたけやまよしひろ》は頑固《がんこ》であった。

「おれは最後まで戦いつづける。決してあきらめはしない」

「気持ちは勇ましいが、現実《げんじつ》を見よ。私《わたし》が国に帰ったら、おぬしは一人《ひとり》残されるのだぞ。いくら強くても、大軍に囲《かこ》まれたら勝ち目はなかろう」

「うーむ」

畠山義就《はたけやまよしひろ》が悩《なや》んだ末に、決意した。

「京を脱出《だっしゅつ》して、ほかの土地で戦いをつづけよう」

文明《ぶんめい》九年（西暦《せいれき》一四七七年）九月、畠山義就《はたけやまよしひろ》は京の陣《じん》を引き払《はら》って、河内国《かわち》（今の大阪府東部《おおさか》）に軍を向けた。河内《かわち》は畠山家《はたけやま》が守護《しゅご》をつとめており、畠山政長《はたけやままさなが》と争っている国だ。

東軍は追撃《ついげき》しようとしたが、義政《よしまさ》が禁《きん》じた。

「戦ってはならぬ。これ以上、京の街が焼けるのは見たくない」

今、背後《はいご》をおそれば、畠山義就《はたけやまよしひろ》を討《う》ちとれる。河内《かわち》に逃《に》げられたら、また戦いがつづくだろう。平和のためにも攻撃《こうげき》するべきだ。そう主張した者もいたが、義《よし》政《まさ》は攻撃《こうげき》を許《ゆる》さなかった。

逃《のが》れた畠山義就《はたけやまよしひろ》は、河内《かわち》で畠山政長陣営《はたけやままさながじんえい》の城を攻撃《こうげき》し、戦いをつづけた。

一方、大内政弘《おおうちまさひろ》は和平を受け入れて降伏《こうふく》し、本国へと帰った。領土《りょうど》をとりあげられることはなかった。他の西軍の面々《めんめん》も、京の陣《じん》をはなれた。義視《よしみ》は美濃《みの》国

（今の岐阜県）の土岐《とき》家に引き取られた。

「戦乱《せんらん》は終わった。平和がやってきたのだ」

義政《よしまさ》は宴《うたげ》を開いて、高らかに宣言《せんげん》した。

文明《ぶんめい》九年（西暦《せいれき》一四七七年）十一月、十一年にわたった応仁《おうにん》の乱《らん》は、ついに終わったのである。この年、義政《よしまさ》は四十二歳《さい》、富子《とみこ》は三十八歳《さい》、義尚《よしひさ》は十三歳《さい》になっていた。

富子《とみこ》はようやく、枕《まくら》を高くして寝《ね》ることができた。

しかし、喜《よろこ》びは長くはつづかなかった。人通りの増《ふ》えた街には、富子《とみこ》を非難《ひなん》する声がとびかっていたのだ。

「わいろをとって政治《せいじ》を乱《みだ》している」

「米もためこんでいるらしい。金の亡者《もうじゃ》だ」

「京の金は全部富子《とみこ》の蔵《くら》に集まっているそうだ」

富子《とみこ》は顔を両手でおおった。

「ひどい……」

取次《とりつぎ》を希望する者から金をとるのは、この時代の習慣《しゅうかん》である。戦乱《せんらん》で食料が不足していたので、富子《とみこ》は米を買えるときに買っていた。米は幕府《ばくふ》や朝廷《ちょうてい》に仕える者たちの食料とし、高くなったときには売って銭《ぜに》に代えた。財産《ざいさん》は幕府《ばくふ》のため、義政《よしまさ》や義尚《よしひさ》のために使っている。富子《とみこ》が金を出さなかったら、幕府《ばくふ》は形がなくなっていただろう。

そもそも、富子《とみこ》のもとに金が集まるのは、将軍《しょうぐん》のかわりに文書を出したり、諸《しょ》大名《だいみょう》と交渉《こうしょう》したり、と、懸命《けんめい》に働いているからだ。義政《よしまさ》が好きなことしかやらないせいである。

なのに、どうして非難《ひなん》されるのか。

富子《とみこ》は悲しんだが、歩みを止めることはなかった。

「私《わたし》がしっかりしないと、困《こま》るのは義尚《よしひさ》です」

京の街が平和になった今こそ、復興《ふっこう》のために、安定した政治《せいじ》をおこなわなければばならない。大乱《たいらん》を終わらせた自分なら、きっとできる。
富子《とみこ》は自分をはげまして、前を向いていた。

四章 そして戦国へ

1

十一年つづいた応仁《おうにん》の乱《らん》は、社会にさまざまな影響《えいきょう》をあたえた。

室町幕府《むろまちばくふ》の力は失われ、畿内《きない》つまり京の周辺諸国《しょこく》にしか、支配《しはい》は及《およ》ばなくなった。その外の地域《ちいき》では、守護代《しゅごだい》や地元の武士《ぶし》たちが実力で土地を支配《しはい》するようになっていく。京に住んでいた守護《しゅご》たちは、これに対抗《たいこう》するため、京をはなれて領国《りょうごく》へ下った。

守護《しゅご》と守護代《しゅごだい》、あるいは隣国《りんごく》との争いがくりかえし起こるようになった。家の格式《かくしき》より実力が物を言うようになり、下の者が上の者を倒《たお》す下剋上《げこくじょう》の時代となる。

京から河内《かわち》に向かった畠山義就《はたけやまよしひろ》は、畠山政長《はたけやままさなが》の城を次々と奪《うば》って、河内《かわち》一国を手に入れ、大和国《やまと》（今の奈良県）も支配《しはい》した。幕府《ばくふ》は引きつづき政長《まさなが》を支援《しえん》していたが、義就《よしひろ》を倒《たお》すことはできなかった。

京の街は焼け野原になってしまった。多くの貴重《きちょう》な芸術品《げいじゅつひん》や書物が灰《はい》となり、文化や歴史《れきし》がとだえた。

公家《くげ》たちは屋敷《やしき》や地方の荘園《しょうえん》を失い、京をはなれる者も少なくなかった。その結果として、京の文化が地方へと広まっていく。

文明《ぶんめい》十一年（西暦《せいれき》一四七九年）、義尚《よしひさ》は十五歳《さい》になり、自分で政治《せいじ》をはじめるための儀式《ぎしき》をおこなった。若《わか》い将軍《しょうぐん》がみずから幕府《ばくふ》の再建《さいけん》に乗り出すかと思われたのだが、そうはならなかった。

「義尚《よしひさ》はまだ若《わか》い。大事なことはおいおい教えてやろう」

義政《よしまさ》はそう言って、寺社や交易《こうえき》に関するものなど、利益《りえき》の大きい権限《けんげん》をにぎりつづけた。一方で、つまらない仕事は義尚《よしひさ》や富子《とみこ》に押《お》しつけ、山荘《さんそう》の建築《けんちく》を計画したり、和歌をよんだり、書や画を楽しんだりと、風流な生活を送っている。

「父上は勝手すぎる」

義尚《よしひさ》が怒《おこ》るのも当然であった。

富子《とみこ》も意見した。

「遊ぶのはかまいません。でも、政治《せいじ》は将軍《しょうぐん》に任《まか》せてください」

「うるさい。おれにはおれの考えがあるのだ」

義政《よしまさ》はとりあわず、足音高く去って行く。いつもそうだった。富子《とみこ》や義尚《よしひさ》と目を合わせて話をしようとしない。親子の対立は深まるばかりである。

翌年《よくねん》、義尚《よしひさ》は日野家から、いとこにあたる娘《むすめ》を妻《つま》にむかえた。富子《とみこ》が決めた縁談《えんだん》である。

「嫌《いや》だと言っても話を進めるんだろ。将軍《しょうぐん》なんて、面倒《めんどう》なことばかりだ」

義尚《よしひさ》は縁談《えんだん》を喜《よろこ》んでいなかった。相手に不満があるのではなく、自分の意思と関係なく物事が決まっていくのが気にくわないのである。

翌月《よくげつ》、義尚《よしひさ》はいきなり髪《かみ》を切って家出した。

「もうたくさんだ。おれは出家する」

そう言って寺に駆《か》けこんだので、富子《とみこ》はあわてた。実権《じっけん》はないとはいえ、義尚《よしひさ》は将軍《しょうぐん》なのである。地位を放り出されては困《こま》る。

富子《とみこ》はすぐに義政《よしまさ》に伝えた。

「あなたのせいですよ。何とかしてください」

義政《よしまさ》は顔をしかめた。

「困《こま》ったやつだなあ。とりあえず、権限《けんげん》をゆずるから戻《もど》れ、と言っておけ」

富子《とみこ》や家臣に説得《せっとく》されて、義尚《よしひさ》は御所《ごしょ》に帰った。富子《とみこ》は義尚《よしひさ》を叱《しか》った。

「子どものようなまねはやめなさい。世の中には思いどおりにならないことはたくさんあります。だからといって、責任《せきにん》を投げ出すようでは、政務《せいむ》を任《まか》せられませんよ。まずは政治《せいじ》について勉強しなさい」

「いちいちうるせえな」

義尚《よしひさ》はぶつぶつと文句《もんく》を言っていたが、しばらくはおとなしく勉学にはげんでいた。ただ、授業《じゅぎょう》を受けても心ここにあらずで、態度《たいど》がよくないので、教えるほうも苦労していた。

義尚《よしひさ》は富子《とみこ》に似《に》て見目がうるわしく、和歌が得意《とくい》であった。女性《じょせい》によくもてて、本人も女好きである。なかでも、ある公家《くげ》の娘《むすめ》に夢中《むちゅう》になっていたのだが、その娘《むすめ》は義政《よしまさ》がかわいがっていた。

親子で娘《むすめ》をとりあう事態《じたい》になったのである。

「あのばか息子《むすこ》め、何を考えているのだ!?」

義政《よしまさ》は激怒《げきど》したが、義尚《よしひさ》は悪びれない。

「あいつも若《わか》いほうがいいと言っている。親父《おやじ》はさっさと引退《いんたい》しろ」

将軍《しょうぐん》親子のみにくい争いはまたたくまに広まって、街中の物笑いの種となった。

富子《とみこ》は頭が痛《いた》い。

「父も父なら息子《むすこ》も息子《むすこ》です。まったくどうしてこんなことになったのでしょうか。原因《げんいん》となった娘《むすめ》は尼《あま》にすればいいとして、二人には何と言えばよいか……」

どうせ二人とも富子《とみこ》の説教など聞かないが、言わないわけにもいかないし、言えるのは富子《とみこ》だけである。

「自分の地位を自覚して、恥《は》ずかしいまねをしないように」

富子《とみこ》は夫と息子《むすこ》にそれぞれ伝えたが、まったく効果《こうか》はなかった。

文明《ぶんめい》十三年（西暦《せいれき》一四八一年）正月、義政《よしまさ》は急にみなに告《つ》げた。

「決めた。今から政治《せいじ》は義尚《よしひさ》に任《まか》せる」

正月の行事を放りだして、義政《よしまさ》は引きこもってしまった。あいさつに来た大名や家臣に会おうともしない。

側近たちがとまどっているのを見て、義政《よしまさ》は笑った。

「心配することはない。将軍様《しょうぐん》がうまくやるだろう」

ようするに、義尚《よしひさ》を困《こま》らせてやろう、というのである。とても父親の、そして政権《せいけん》をにぎる者の行動とは思えない。

報告《ほうこく》を受けた義尚《よしひさ》は、かぶっていた烏帽子《えぼし》を投げすてた。

「そっちがそうなら、こっちにも考えがある」

義尚《よしひさ》は再《ふたた》び髪《かみ》を切って、出家すると主張《しゅちょう》した。

「お二人とも部屋から出てきません！　何とかしてください！」

悲鳴のようなうったえが、富子《とみこ》のもとにもたらされた。

「親子そろって人に迷惑《めいわく》をかけてばかり。本当に悪いところばかり似《に》て……」

富子《とみこ》はうんざりしたが、他に責任《せきにん》を果たすべき者はいない。代わりにあいさつを受け、将軍《しょうぐん》のやるべき仕事を処理《しょり》した。

やっと戦乱《せんらん》が終わったというのに、情《なさ》けない夫と息子《むすこ》のせいで、富子《とみこ》には気の休まるひまがなかった。

またこのころ、ときの天皇《てんのう》も、ことあるごとに位をゆずりたい、と口にしていた。住むところがないから、金がないから、天皇《てんのう》をやめたいと言う。内裏《だいり》、つまり天皇《てんのう》の宮殿《きゅうでん》を建ててくれ、金を出してくれ、ということだ。

これにも、富子《とみこ》が対応《たいおう》しなければならなかった。天皇《てんのう》の要求が大金でなければ、富子《とみこ》が出した。内裏《だいり》の建設《けんせつ》は、関所をつくって通行料をとり、それでまかなった。

幕府《ばくふ》も朝廷《ちょうてい》も、富子《とみこ》が支《ささ》えていたのである。

2

義政《よしまさ》は自他ともにみとめる風流人である。戦《いくさ》や政治《せいじ》よりも、文化と芸術《げいじゅつ》を愛した。書画も和歌も好きだが、一番力を入れていたのは、山荘《さんそう》、別荘《べっそう》の建築《けんちく》であった。

「戦乱《せんらん》も終わったことだし、後の世に残る理想の山荘《さんそう》をつくりあげてみせる」

義政《よしまさ》は文明《ぶんめい》十四年（西暦《せいれき》一四八二年）、東山《ひがしやま》で山荘《さんそう》の建築《けんちく》にとりかかった。義政《よしまさ》が住む御所《ごしょ》、行事をおこなう会所、茶室やあずまやなど、多くの建物《たてもの》がつくられる。後に、銀閣《ぎんかく》と呼《よ》ばれる観音殿《かんのんでん》もそのひとつだ。

池のほとりにたたずむ黒塗《ぬ》りの銀閣《ぎんかく》は、金閣《きんかく》に比《くら》べて質素《しっそ》だが、りんとした美しさをほこっており、日本を代表する建築物《けんちくぶつ》となった。

義政《よしまさ》は文明《ぶんめい》十五年（西暦《せいれき》一四八三年）にこの地に引っこし、生涯《しょうがい》をかけて建築《けんちく》をつづけた。

「あの人は政治《せいじ》はともかく、文化芸術《げいじゅつ》の才能《さいのう》は本物ですから」

庭園を見物して、富子《とみこ》はため息をついたものである。

山荘《さんそう》の建築《けんちく》には、多額《たがく》の金がかかった。義政《よしまさ》は明《みん》との交易《こうえき》の利益《りえき》をつぎこみ、諸大名《しょだいみょう》に金や人を出させ、近くの荘園領主《しょうえんりょうしゅ》にも金を出させた。富子《とみこ》は夫とあまり会わなくなっていたが、金はとどけていた。

「私《わたし》が助けてあげないと多くの人に迷惑《めいわく》をかけるでしょうから、仕方ありません」

義政《よしまさ》を見捨《みす》てられない富子《とみこ》である。

義政《よしまさ》が山荘《さんそう》をつくるようになって、政治《せいじ》の権限《けんげん》は正式に義尚《よしひさ》に移《うつ》っていた。しかし、義政《よしまさ》は政治《せいじ》に口を出しつづけていた。寺社や大名に金をもらって、彼《かれ》らの有利になるよう働きかけていたのである。

「もういいかげんにしてくれ！」

義尚《よしひさ》は何度ととなく叫《さけ》んだ。叫《さけ》んでも義政《よしまさ》は動じない。義尚《よしひさ》は酒と女におぼれて、生活が乱《みだ》れた。

富子《とみこ》は何度となく注意したが、親子の仲が悪くなっただけだった。

「もう家族はばらばらになってしまった。権力者《けんりょくしゃ》の家族は殺《ころ》し合うことさえあって、情《じょう》などないと言うけれど、気持ちが伝わらないのは悲しいものです」

富子《とみこ》は日々《ひび》なげいていた。

京の街は平和でも、一歩外に出れば、戦《いくさ》の気配はまだ濃《こ》かった。畠山義就《はたけやまよしひろ》と畠《はたけ》山政長《やままさなが》の争いはまだつづいている。戦場は山城国《やましろ》（今の京都府南部）に移《うつ》っていた。畠山義就《はたけやまよしひろ》が優勢《ゆうせい》なので、幕府《ばくふ》は山城国《やましろ》から収入《しゅうにゅう》を得《え》られない。義政《よしまさ》も義尚《よしひさ》も富子《とみこ》も、山城国《やましろ》に対して、有効《ゆうこう》な手を打てなかった。

京の周辺では、細川家《ほそかわ》が最大の軍事力をもっているのだが、細川政元《ほそかわまさもと》は動こうとしなかった。

「畠山義就《はたけやまよしひろ》は強い。強い者と戦うのは愚《おろ》か者だけよ」

細川政元《ほそかわまさもと》はまだ若《わか》いが、臆病《おくびょう》というより、計算高かった。自分たちだけが傷《きず》つくのは嫌《いや》なのである。畠山政長《はたけやままさなが》は再《ふた》び細川《ほそかわ》家に見捨《みす》てられたかたちとなった。

山城《やましろ》国では二つの畠山《はたけやま》軍がにらみあい、この戦いは、応仁《おうにん》の乱《らん》のように長びくかと思われた。

しかし、ここで立ちあがった人々がいる。山城《やましろ》国の国人《こくじん》つまり地元の武士《ぶし》や農民たちである。文明《ぶんめい》十七年（西暦《せいれき》一四八五年）、彼《かれ》らは話し合って一揆《いっき》を起こし、畠《はた》山《やま》軍を追いだした。

「山城《やましろ》にとどまるなら、どちらの軍でも攻撃《こうげき》する」

地元の武士《ぶし》たちがすべて敵《てき》にまわれば、さすがの畠山義就《はたけやまよしひろ》も戦えない。両軍は撤退《てったい》し、山城《やましろ》では自治がおこなわれることになった。これが山城国一揆《やましろのくにいっき》である。

一揆《いっき》の主張《しゅちょう》は幕府《ばくふ》と対立するものではなかったので、幕府《ばくふ》は討伐《とうばつ》しようとしなかった。自治は八年間つづいた。

長享元年《ちょうきょう》（西暦《せいれき》一四八七年）、義尚《よしひさ》は二万を超《こ》える軍勢《ぐんぜい》をひきいて京を出発した。行き先は近江国《おうみ》（今の滋賀県）である。守護《しゅご》の六角家《ろっかく》が、公家《くげ》や寺社、将軍《しょうぐん》の家臣たちの荘園《しょうえん》を奪《うば》っていたため、討伐《とうばつ》に出かけたのだ。

二十三歳《さい》の義尚《よしひさ》は、甲冑姿《かっちゅうすがた》でさっそうと馬に乗り、群衆《ぐんしゅう》の歓声《かんせい》をあびて、心地《ここち》よさそうに笑っていた。

「将軍《しょうぐん》というのは本来、軍をひきいて戦いにおもむくものだ」

義政《よしまさ》は応仁《おうにん》の乱《らん》において、一度も戦場に立たなかった。義尚《よしひさ》はそれに対抗《たいこう》して、戦う将軍《しょうぐん》の姿《すがた》を見せようとしている。

義尚《よしひさ》は若《わか》くて顔立ちがよい。集まった民衆《みんしゅう》が喜《よろこ》ぶのも当然であった。

富子《とみこ》は息子《むすこ》を戦場に行かせたくなどなかった。だが、反対しても義尚《よしひさ》がきかないので、寺に出かけて無事を祈《いの》った。義政《よしまさ》は体調が悪く、東山《ひがしやま》の山荘《さんそう》にこもっている。

義尚《よしひさ》は両親に対して冷ややかであった。

「この戦《いくさ》に勝って、おれの力を証明《しょうめい》する。父にも母にも、文句《もんく》は言わせない。親だけではない。言うこともきかぬ守護《しゅご》どもに、将軍《しょうぐん》の力を見せつけるのだ」

義尚《よしひさ》は守護《しゅご》大名たちに兵を出すよう求めていたが、簡単《かんたん》には兵は集まらなかった。大名本人はほとんど参加していない。義尚《よしひさ》を支持《しじ》する細川政元《ほそかわまさもと》はつきあったが、明らかに気の乗らない様子である。

「まったく将軍《しょうぐん》のわがままにも困《こま》ったものだ」

守護《しゅご》大名たちの考えはほぼ一致《いっち》していたのだが、何とか二万を超《こ》える軍勢《ぐんぜい》がそろった。

この大軍を前にして、六角《ろっかく》家はおどろいた。ただ、戦わずして降伏《こうふく》はしなかった。城を捨《す》てて山に逃《に》げ、そこで抵抗《ていこう》をつづけたのである。少人数の部隊が兵糧《ひょうろう》や輸送隊《ゆそうたい》に攻撃《こうげき》をかけては散っていく。

「正面から戦え！」

義尚《よしひさ》は怒《おこ》ったが、兵力差は十倍もあるのだから、六角《ろっかく》側がまともに戦うはずも

ない。

細川政元《ほそかわまさもと》がすすめた。

「あとは家臣に任《まか》せて、京に戻《もど》りましょう。政治《せいじ》も将軍《しょうぐん》の仕事ですぞ」

「いや、勝つまで陣《じん》にとどまる。政治《せいじ》もここでやる」

義尚《よしひさ》は陣《じん》をはなれようとしなかった。といっても、戦いの指揮《しき》をとるわけではなく、酒を飲んでさわぎ、美女を集めて遊んでいる。

近江《おうみ》での滞在《たいざい》は一年を超《こ》えた。戦《いくさ》の指揮《しき》はもはや関係なかった。父と母から遠くはなれ、自分の意思を通せる環境《かんきょう》が、義尚《よしひさ》にとっては心地《ここち》良《よ》い。おべっかを言う側近に囲《かこ》まれて、毎日楽しく過《す》ごしていた。

幕府《ばくふ》の将来《しょうらい》を心配する者たちは、京にいる富子《とみこ》を頼《たよ》った。

「将軍様《しょうぐん》に京に戻《もど》るよう申しあげてください。側近の方々以外とは口もきかないような状況《じょうきょう》なのです」

「私《わたし》が言っても聞くとは思えませんが、やるだけはやりましょう」

富子《とみこ》の思ったとおり、義尚《よしひさ》は富子《とみこ》の進言も無視《むし》した。それどころか、さらに酒量が増《ふ》えているという。

延徳《えんとく》元年（西暦《せいれき》一四八九年）三月、義尚《よしひさ》は病に倒《たお》れた。

富子《とみこ》が近江《おうみ》の陣《じん》に駆《か》けつけると、義尚《よしひさ》は床《とこ》から起きあがれずにいた。それでも、憎《にく》まれ口をたたく。

「何しに来た？」

「お見舞《みま》いに来たに決まっているでしょう」

「だったら、酒でも差しいれてくれ」

富子《とみこ》は言葉をうしなった。義尚《よしひさ》の顔色は悪く、とても酒が飲めるような状態《じょうたい》とは思えない。そもそも酒が原因《げんいん》の病ではなかろうか。

「これくらい、すぐによくなる」

義尚《よしひさ》は強がっていたが、病状《びょうじょう》は悪化するいっぽうで、そのまま亡《な》くなってしまった。

「どうして……」

富子《とみこ》は涙《なみだ》がとまらなかった。手塩にかけて育ててきた最愛の息子《むすこ》を失ったのである。いくら反抗《はんこう》されても、おこないが悪くても、愛情《あいじょう》は冷めていなかった。涙《なみだ》の熱さが、それを証明《しょうめい》していた。

だが、この親子は普通《ふつう》の親子ではない。将軍《しょうぐん》とその母である。悲しみにひたっているひまはなかった。

細川政元《ほそかわまさもと》が告《つ》げた。

「御台様《みだいさま》、まずはご遺体《いたい》を京に運び、葬儀《そうぎ》をあげなければなりません。そして……」

「……次の将軍《しょうぐん》を選ぶのですね」

富子《とみこ》は涙《なみだ》をふいた。やるべきことがあれば、少しは悲しみから逃《のが》れられるだろう。

京へ帰る行列は盛大《せいだい》なものにした。まるで、大勝利をおさめた将軍《しょうぐん》が帰ってきたようで、多くの民《たみ》が見物した。それを見て、富子《とみこ》はまた泣いた。義尚《よしひさ》は実際《じっさい》に勝って、歓迎《かんげい》されたかったのだ。

義尚《よしひさ》の葬儀《そうぎ》もまた、富子《とみこ》が資金《しきん》を出して、豪華《ごうか》なかたちでいとなんだ。

その後、次の将軍《しょうぐん》をめぐる議論《ぎろん》がおこなわれる。

3

義尚《よしひさ》には男児がいなかった。義政《よしまさ》の男児は義尚《よしひさ》だけである。一族から、ふさわしい者を選ばなければならない。

富子《とみこ》は、義視《よしみ》の子の義材《よしき》を推《お》した。妹の良子《よしこ》が産んだ子で、二十四歳《さい》になる。

細川政元《ほそかわまさもと》が顔をしかめた。

「乱《らん》の中心だった罪人《ざいにん》の子ですぞ」

細川《ほそかわ》家にとって、西軍にまわった義視《よしみ》は敵《てき》である。その息子《むすこ》が将軍《しょうぐん》となって、力をもたれては困《こま》る。

細川政元《ほそかわまさもと》は義政《よしまさ》の兄の子である義澄《よしずみ》を望んだ。まだ十歳《さい》の子どもである。

「若《わか》すぎる将軍《しょうぐん》は、国の乱《みだ》れるもとになります」

富子《とみこ》はそう主張《しゅちょう》し、細川政元《ほそかわまさもと》の反対を押《お》し切った。

しかし、そこで義政《よしまさ》が口を出した。

「争うくらいなら、空位にしておけばよい。政治《せいじ》はおれがやる」

義政《よしまさ》はこのころ病気がちで、東山《ひがしやま》にこもっている。富子《とみこ》や側近たちは心配したが、細川政元《ほそかわまさもと》が熱心に賛成《さんせい》した。

「四代将軍義持《しょうぐんよしもち》の例があります。義政《よしまさ》様にお任《まか》せしましょう」

義持《よしもち》は将軍《しょうぐん》だった息子《むすこ》が若《わか》くして死んだ後、数年間政治《せいじ》をおこなった。その先例にしたがおうというのである。

「無理をさせて、ご病気が悪くなったらどうするのです」

富子《とみこ》が眉《まゆ》をひそめてたずねると、細川政元《ほそかわまさもと》はこともなげに言った。

「そのときは御台様《みだいさま》にお願いします」

細川政元《ほそかわまさもと》にしてみれば、義視《よしみ》がしゃしゃり出てくるのに比《くら》べたら、富子《とみこ》のほうがはるかにましなのである。

富子《とみこ》は納得《なっとく》したが、やがて心配は的中した。

義政《よしまさ》は翌年《よくねん》のはじめに世を去ったのである。五十五歳《さい》であった。力を入れていた東山《ひがしやま》の山荘《さんそう》はまだ完成していなかった。

富子《とみこ》は長いため息をついた。夫婦仲《ふうふなか》はよくなかったが、長くともに過《す》ごしてきた夫の死は、やはり悲しい。ただ、義尚《よしひさ》のときのように、涙《なみだ》があふれてとまらないことはなかった。

「これで、将軍家《しょうぐんけ》とのかかわりはなくなりますね」

さびしいが、どこかほっとする。これまで、将軍家《しょうぐんけ》と朝廷《ちょうてい》や公家《くげ》との間に立って、苦労も多かった。今後は世間のさわがしさからはなれて、のんびりと暮《く》らしたい。

富子《とみこ》は細川勝元《ほそかわかつもと》の持ちものだった小川御所《おがわごしょ》という屋敷《やしき》に住んでいた。かつては義政《よしまさ》も義尚《よしひさ》もともに住んでいたが、仲が悪くなって、それぞれ出て行った。住みなれた屋敷《やしき》だったが、もう細川《ほそかわ》家に返すべきだろう。

しかし、細川政元《ほそかわまさもと》はことわった。

「将軍《しょうぐん》様がお住まいになっていたお屋敷《やしき》です。返していただいても、おそれ多くて使えません。そのままお住まいになってください」

そこで、富子《とみこ》はもうひとりの将軍候補《しょうぐんこうほ》だった義澄《よしずみ》に、小川御所《おがわごしょ》を与《あた》えることにした。次の将軍《しょうぐん》は富子《とみこ》の主張《しゅちょう》がとおって義材《よしき》に決まっている。そのため、細川政《ほそかわまさ》元《もと》と義澄《よしずみ》に気を使ったのである。

だが、このことが知れわたると、次の将軍《しょうぐん》は義澄《よしずみ》だといううわさが生まれた。それを信じた義視《よしみ》がとんでもない行動に出る。

すでに引っ越《こ》していた富子《とみこ》は、かつての家の辺りに、黒煙《こくえん》があがるのを見た。

「また火事ね」

京の街は戦《いくさ》がなくても火事が多く、御所《ごしょ》や内裏《だいり》もたびたび焼けている。だが、これは義視《よしみ》が小川御所《おがわごしょ》を破壊《はかい》し、火をつけたものであった。

「あの者は何を考えているのですか」

富子《とみこ》は激怒《げきど》した。

「将軍《しょうぐん》の親にふさわしい者とは思えません」

細川政元《ほそかわまさもと》だけでなく、富子《とみこ》も反対にまわったので、内定していた義材《よしき》の将軍就任《しょうぐんしゅうにん》は遅《おく》れたが、義政《よしまさ》の死から半年近くたって、義材《よしき》はようやく将軍《しょうぐん》となった。

ただ、この年、母の良子《よしこ》が亡《な》くなり、翌年《よくねん》正月には義視《よしみ》も没《ぼっ》した。

義材《よしき》は側近を頼《たよ》りに政治《せいじ》をおこなったが、将軍《しょうぐん》の側近を代表する存在《そんざい》だった伊勢《いせ》家は、反義視《はんよしみ》の立場《たちば》から、義材《よしき》を支持《しじ》していない。将軍《しょうぐん》の力は弱まるばかりであった。そこで、義材《よしき》は義尚《よしひさ》と同様、軍事遠征《えんせい》で自分の手腕《しゅわん》をしめそうとした。

明応《めいおう》二年（西暦《せいれき》一四九三年）、義材《よしき》が周囲《しゅうい》の反対を無視《むし》して、河内《かわち》国に遠征《えんせい》すると、細川政元《ほそかわまさもと》は富子《とみこ》をたずねた。

富子《とみこ》は義政《よしまさ》の死後、髪《かみ》を落として尼《あま》となっていた。世間とは縁《えん》を切ったつもりであったが、幕府《ばくふ》や朝廷《ちょうてい》の者たちは、富子《とみこ》を相変わらず「御台様《みだいさま》」と呼《よ》んで、相談を持ちかけてくるのである。富子《とみこ》の影響力《えいきょうりょく》はうしなわれていない。

細川政元《ほそかわまさもと》は言った。

「将軍《しょうぐん》を替《か》えようと思います」

義材《よしき》は将軍《しょうぐん》になるとき、細川政元《ほそかわまさもと》に相談して、その意見にしたがう、と約束していた。しかし今、細川政元《ほそかわまさもと》の進言をきかずに遠征《えんせい》をくりかえし、大名たちを苦しめている。だから、義材《よしき》を追い落として、義澄《よしずみ》を将軍《しょうぐん》にしたいと言うのだ。

富子《とみこ》は返答をためらった。

義材《よしき》が将軍《しょうぐん》をつづけるべきだとは思わない。だが、最大の実力者とはいえ、細《ほそ》川政元《かわまさもと》はあくまで臣下である。それが力をもって将軍《しょうぐん》の首をすげかえる。そのような行為《こうい》を許《ゆる》していいものだろうか。下剋上《げこくじょう》の風潮《ふうちょう》がさらに進み、幕府《ばくふ》は崩壊《ほうかい》へと向かうのではないか。

富子《とみこ》が反対すれば、細川政元《ほそかわまさもと》は実行しないだろう。長らく将軍家《しょうぐんけ》と幕府《ばくふ》に尽《つ》くしてきた富子《とみこ》には、それだけの力がある。

「私《わたし》の野心やうらみからではありません。多くの者が困《こま》っているのです」

細川政元《ほそかわまさもと》はこの年、二十八歳《さい》である。上気したほおには若《わか》さが残っているが、十年以上も政治《せいじ》にかかわっており、経験《けいけん》は豊富《ほうふ》だ。すでに仲間を集めていて、あとは富子《とみこ》の許《ゆる》しを得《え》るだけだという。

富子《とみこ》は目を閉《と》じて考えた。

浮《う》かんでくるのは、義政《よしまさ》の妻《つま》となってからの日々《ひび》だ。喜《よろこ》びよりも苦しみが多かった。義尚《よしひさ》を生み育て、応仁《おうにん》の乱《らん》を生きのびてきた。義政《よしまさ》との夫婦仲《ふうふなか》はよくなかったが、将軍《しょうぐん》の妻《つま》としての役割《やくわり》を懸命《けんめい》に果たしてきた。

義視《よしみ》については、小川御所《おがわごしょ》の件《けん》以来、やはり許《ゆる》せないという思いが強くなった。応仁《おうにん》の乱《らん》が長びいたのは、義政《よしまさ》だけでなく、義視《よしみ》の責任《せきにん》も大きい。

義澄《よしずみ》が将軍《しょうぐん》になれば、富子《とみこ》は今度こそ、将軍家《しょうぐんけ》との縁《えん》が切れる。それでよい、と思った。

富子《とみこ》は目を開けて、細川政元《ほそかわまさもと》を見つめた。

「よろしいでしょう」

「ありがとうございます」

細川政元《ほそかわまさもと》は深く礼をした。

富子《とみこ》が許可《きょか》をあたえた影響《えいきょう》は大きかった。細川政元《ほそかわまさもと》が義澄《よしずみ》を新しい将軍《しょうぐん》に立てて挙兵すると、ほとんどの大名と将軍家《しょうぐんけ》の家臣は、細川政元《ほそかわまさもと》に味方した。細川《ほそかわ》軍は義材《よしき》の軍を破《やぶ》り、細川政元《ほそかわまさもと》を中心とする政権《せいけん》が生まれた。これを明応《めいおう》の政変《せいへん》という。

富子《とみこ》は以後、表舞台《おもてぶたい》にあがることはなく、ひっそりと暮《く》らした。

そして、明応《めいおう》五年（西暦《せいれき》一四九六年）、五十七歳《さい》で世を去ったのである。

情《なさ》けない男たちの影《かげ》で、崩《くず》れていく幕府《ばくふ》を必死で支《ささ》えた人生であった。

明応《めいおう》の政変《せいへん》の後、幕府《ばくふ》が安定することはなかった。実力が物を言う風潮《ふうちょう》はますます高まり、戦国時代が到来《とうらい》する。

応仁《おうにん》の乱《らん》について

「先の戦争はひどかったよ」

と、京都の人が言うとき、「先の戦争」とは、太平洋戦争（第二次世界大戦）のことではなく、応仁《おうにん》の乱《らん》をさすというエピソードがあります。

太平洋戦争で京都が受けた被害《ひがい》は、東京などに比《くら》べると小さく、街中が焼け野原になるような戦争は、応仁《おうにん》の乱《らん》までさかのぼるということから生まれた話です。実際《じっさい》には、幕末《ばくまつ》の禁門《きんもん》の変（蛤御門《はまぐりごもん》の変）でも、京都は大きな被害《ひがい》を受けていますが、これは一日で終わっています。京都が経験《けいけん》した大きな戦争という意味では、応仁《おうにん》の乱《らん》が最後なのかもしれません。

応仁《おうにん》の乱《らん》は、京都だけでなく、日本史《にほんし》全体をみても、大きな意味を持っています。身分や土地のあり方など、それまでの社会ががらっと変わり、新しい時代がはじまるきっかけとなりました。

ただ、応仁《おうにん》の乱《らん》という名前は知っていても、具体的にどういう出来事だったのか、くわしく知る人は多くないでしょう。

十一年間、だらだらとつづくわりに大きな戦いは少なく、勝ち負けもあいまいです。東西両軍に分かれていても、関ヶ原の戦いのように、一日の戦いで勝者が天下をとった、というわけではないのです。そもそもの原因《げんいん》からして、いくつもあって、これとはっきり決めることはできません。

その中心にいた足利義政《あしかがよしまさ》の妻《つま》、日野富子《ひのとみこ》は、悪女として知られていました。政治《せいじ》に口を出して世を乱《みだ》した、金もうけにはげんで民《たみ》を苦しめた、戦乱《せんらん》を利用して金をかせいだ、などと言われています。

しかし、これらは誤解《ごかい》や拡大解釈《かくだいかいしゃく》によるものでしょう。日野富子《ひのとみこ》にも悪いところはありましたが、戦乱《せんらん》の時代に必死で室町幕府《むろまちばくふ》を支《ささ》えていたのはたしかです。男女同権《どうけん》の現代《げんだい》ですから、彼女《かのじょ》の生き方や功績《こうせき》を見直してほしいと思います。

応仁《おうにん》の乱《らん》とそれにつづく明応《めいおう》の政変《せいへん》によって、幕府《ばくふ》の力は弱まり、下剋上《げこくじょう》の時代、戦国時代がはじまります。

細川《ほそかわ》家や大内《おおうち》家などは、戦国時代には真っ先に滅亡《めつぼう》してしまいますが、彼《かれ》らが主役の時代もありました。戦国時代ファンの方も、応仁《おうにん》の乱《らん》に注目してみてはいかがでしょうか。

著者　小前亮（こまえ・りょう）

一九七六年、島根県生まれ。東京大学大学院修了。専攻は中央アジア・イスラーム史。二〇〇五年に歴史小説『李世民』（講談社）でデビュー。著作に『賢帝と逆臣と　康熙帝と三藩の乱』、『ヌルハチ　朔北の将星』（ともに講談社）、『月に捧ぐは清き酒　鴻池流事始』（文藝春秋）、『星の旅人　伊能忠敬と伝説の怪魚』、『渋沢栄一伝　日本の未来を変えた男』、「真田十勇士」シリーズ、「新選組戦記」シリーズ、『服部半蔵（上）（下）』（いずれも小峰書店）、『あきらめなかった男』（静山社）、「三国志」シリーズ（静山社ペガサス文庫）などがある。

画家　斎賀時人（さいが・ときひと）

兵庫県出身・在住。嵯峨美術短期大学非常勤講師。フリーランスのイラストレーターとして活動。書籍の装画を中心にCD、広告、ゲーム等のアートワークを手掛けている。

ものがたり日本の乱１

応仁の乱　終わらない戦いが始まる

2024年４月初版
2024年４月第１刷発行

著者　小前 亮
画家　斎賀時人
発行者　鈴木博喜
発行所　株式会社理論社
〒101-0062　東京都千代田区神田駿河台2-5
電話　営業03-6264-8890
編集03-6264-8891
URL https://www.rironsha.com

装幀　長﨑 綾（next door design）
組版　アジュール
印刷・製本　中央精版印刷
編集　小宮山民人

ISBN978-4-652-20608-9　NDC210　四六判　19cm　P142